Bar- und Clubdesign
Bethan Ryder

Impressum

Die Deutsche Bibliothek - CIP-Einheitsaufnahme

Ryder, Bethan:
Bar- und Clubdesign / Bethan Ryder. Ludwigsburg : av-Ed., 2004
Einheitssacht.: Bar and club design <dt.>
ISBN 3-89986-019-5

Übersetzung aus dem Englischen	Isabel Bogdan
Redaktion	Anja Schrade
Design	Blast
Coverfoto + Zäsurseiten	Rob Lawson
Produktion	Laurence King Publishing Ltd.

Copyright © 2002 Laurence King Publishing Ltd.
Deutsche Ausgabe Copyright © 2002, 2004 **av**edition GmbH,
Ludwigsburg

This book was designed and produced by
Laurence King Publishing Ltd.
71 Great Russell Street
London WC1B 3BP
Tel.: +44 / 20 / 7430 8850
Fax: +44 / 20 / 7430 8880
e-mail: enquiries@laurenceking.co.uk
www.laurenceking.co.uk

Alle Rechte vorbehalten
ISBN 3-89986-019-5

avedition GmbH
Königsallee 57
71638 Ludwigsburg
Tel.: 07141 / 1477 391
Fax: 07141 / 1477 399
www.avedition.de

Bar- und Clubdesign
Bethan Ryder

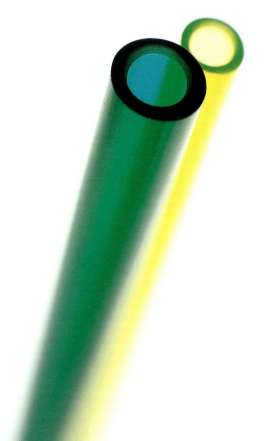

avedition lebensart

Inhalt

06 Einleitung

22 Bars und Restaurant-Bars

Orbit Bar/Page/Shu/Leshko's/Tsuki-No-Ie/Antidote/Bar Lodi/The Red Sea Star/Bar Lounge 808/Crow Bar/Brown/rumjungle/The Seagram Brasserie/The Corinthian/Soft/BAR Ballad BAR

84 Hotelbars

Bar Tempo/Claridge's Bar/Crowne Plaza Bar/Absolut Icebar/Time (Intergalactic) Beach Bar/Miramar Hotel Bar/Purple Bar/Hotel Atoll Bar/Dietrich's/Mink Bar/Hudson Hotel Bar/Mandarin Bar/The Church Lounge

124 Clubs

B 018/The Bomb/The Supperclub/Next/Chinawhite/Jazz Matazz/Man Ray/Bar Nil/Astro/Embassy/Lux/Zeppelin/Disco/Float/Zoom/Café L'Atlantique/NASA/Caribou Hangar Bar

188 Anhang

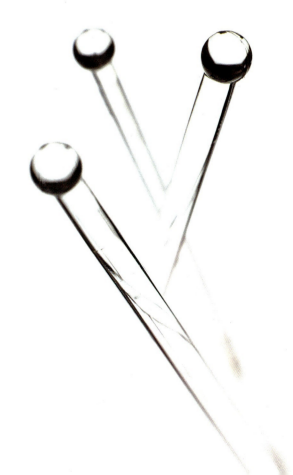

Einleitung

Angehörige aller Londoner Gesellschaftsschichten lassen es Anfang des 19. Jahrhunderts in einer Kneipe hoch hergehen.

Vor 20 Jahren wäre ein Buch über Bar- und Clubdesign noch gar nicht denkbar gewesen, denn es gab einfach nicht genügend Beispiele für eine solche Zusammenstellung. Zur Jahrtausendwende gibt es in jeder Stadt der westlichen Welt eine Fülle von Bars und Clubs. In diesem Buch wird nur eine kleine Auswahl davon vorgestellt, die durch innovatives Design, Individualität oder besondere Schönheit besticht. Es handelt sich um durchdachte, „durchgestylte" Räumlichkeiten, nicht um funktionelle Lokale zum Trinken oder Tanzen. Die meisten dieser Einrichtungen wurden in den beiden vergangenen Jahren fertiggestellt, ihr Design repräsentiert also den aktuellen Zeitgeist des Nachtlebens.

In einem weiter gefaßten Kontext gehören Bars und Clubs zu den kommerziellen Freizeitanbietern. Hotels, Restaurants, Bars und Clubs sind die Nachfolger der Gaststätten und Tavernen aus dem 17. Jahrhundert, und Jahrhunderte später sind sie immer noch öffentliche Orte, an denen Menschen zusammenkommen und geselligen Umgang pflegen. Ende des 20. Jahrhunderts haben sie in der westlichen Welt an Anzahl und Vielfalt stark zugenommen: das Restaurantgeschäft boomt, Caféketten wachsen und gedeihen, „Boutique-Hotels" blühen, obwohl die klassischen Hotelketten ebenfalls expandieren. Die Möglichkeiten zu reisen, moderne Technologien, neue Medien und Telekommunikation lassen den Planeten schrumpfen, und die Bewohner der westlichen Welt leben zunehmend mit dem Bildschirm und Zeitschriften – Lifestyle ist alles.

Moderne Kosmopoliten zelebrieren ihre Identität an öffentlichen, kommerziellen Orten – das soziale Image wird in großem Maße dadurch bestimmt, wo man ißt, trinkt und schläft. Wo technische Entwicklungen wie das Internet die klassischen öffentlichen Institutionen wie Banken, Geschäfte und Büros (bis zu einem gewissen Grade) ersetzen, besteht vielleicht ein um so größerer Bedarf an sozialen Kontaktpunkten, an denen Mitglieder der E-Mail- und dot.com-Gesellschaft von Angesicht zu Angesicht miteinander kommunizieren können. Moderne Technologien können vielleicht profane Aufgaben übernehmen, aber andere online zu treffen wird den echten menschlichen Kontakt nie ganz ersetzen.

Moderne Professionals müssen nicht mehr unbedingt an einem bestimmten Ort arbeiten – Laptops und Handys ermöglichen eine Mobilität und Flexibilität, die vor einigen Jahrzehnten noch undenkbar gewesen wäre. Im 17. und 18. Jahrhundert entstanden in Großbritannien und der „Neuen Welt" aufgrund der erhöhten Mobilität Gaststätten, Wirtshäuser und Schenken, und heute sind diese Stätten der Erfrischung und der Erholung für Reisende ebenso unerläßlich wie damals. Das Wiederaufleben der Cocktail-Kultur und das rein zahlenmäßige Wachstum der Cafés, Restaurants, Lounges und Hotellobbys kann auch als wiederkehrendes Jahrhundertwende-Phänomen angesehen werden, eine Wiederholung der großen Salon-Tage Ende des 19. Jahrhunderts. Auf diesen Ansatz wird später noch weiter eingegangen.

Cocktailstunde im *Rubber Room*, einer Hotelbar in den 1930er Jahren in Ohio, USA, die fast komplett aus Gummi bestand.

Ein Überblick über Bar- und Clubdesign kommt nicht ohne einen Exkurs zu den aktuellen Entwicklungen im Restaurant- und Hoteldesign aus. Genauso darf auch der eher anarchistische Einfluß der Underground-Clubs auf die Entwicklung des Clubdesigns nicht außer acht gelassen werden. Dieses Buch ist der Übersichtlichkeit halber in drei Teile gegliedert: Bars und Restaurant-Bars, Hotelbars und Clubs. Diese Kategorien sind rein funktionell. Sie erleichtern die Navigation durch das Buch und die Suche nach einer bestimmten Art Bar oder Club. Die Einordnung ist nicht starr oder endgültig – wie später noch gezeigt werden wird, ist es fast unmöglich, Unterscheidungsmerkmale festzulegen, da die Grenzen zwischen den verschiedenen Typen von Gastronomiebetrieben fließend sind. Darüber hinaus gibt es innerhalb der einzelnen Typen enorme Unterschiede.

In dem englischen Ausdruck „Bar" steckt heute viel mehr als die ursprüngliche, sehr simple Bedeutung: „Ein im Verhältnis zu seiner Dicke langes, gerades Stück Holz, Metall oder anderes festes Material" (Oxford English Dictionary). So etwas findet sich natürlich in den meisten Bars – eine Theke, über die der Barkeeper alkoholische oder nichtalkoholische Erfrischungen reicht. Heute bezeichnet das Wort Bar im Englischen wie im Deutschen den Raum oder die Räumlichkeiten, in denen sich eine solche Theke befindet – und das Design dieser Räume ist unser Thema.

An diesem Punkt ist es wichtig, den Unterschied zwischen Kneipe und Bar zu definieren. Es soll hier um Lokalitäten gehen, deren Design wichtiger ist als ihre Funktion, um moderne, spektakuläre Foren, die auf Stil und Show ausgelegt sind, und nicht um funktionelle, zwanglose Treffpunkte zum Trinken und Tratschen – wie die Kneipe. Zwar gab es auch in Großbritannien stets viele Schenken und Gastwirtschaften, aber um das Konzept der „Bar" in diesem Buch zu verstehen, müssen wir nach Amerika blicken. Selbst die britischen Gin Palaces boten zumeist nicht eine glamouröse Bühne für die Reichen, sondern verkauften den unteren Schichten ein Produkt. Vor dem 19. Jahrhundert unterschieden sich die Pubs in Großbritannien nur durch ein Türschild von privaten Wohnhäusern (Andrew Barr: *Drink. A Social History of America*, Pimlico, London, 1995). Innen waren sie unterteilt in „Schankraum, Gaststube, Bar, Küche und Privaträume des Wirts". Die Ausstattung war einfach und praktisch, nur in den Gaststuben gab es gelegentlich richtige Tische und Stühle, und nicht nur Holzbänke. Durch die Veränderungen im Einzelhandel in den 1820er Jahren entwickelte sich das Pub-Design in Richtung der Dramshops (Branntwein-Schenken), die aus der Popularität des Gins heraus entstanden waren und zur Einführung der „Bar" in den Pubs führten. Dank der Erfindung von Gaslampen und Flachglas „waren die Gin-Palaces der 1830er Jahre einfach schillernde Geschäfte, in denen man Alkohol kaufte und ihn entweder mit nach Hause nahm oder im Stehen direkt im Geschäft trank". Das Trinken im Stehen hob den Umsatz und war eine Frage der sozialen Schicht: die unteren Schichten tranken öffentlich in der Bar, die gehobenere Gesellschaft machte es sich zu Hause gemütlich.

Nein, das derzeitige weltweite Cocktail-Revival und die gepflegten Gastronomiebetriebe, die Ende des 20. Jahrhunderts in allen modernen Städten entstanden, verdanken wir dem Land der Träume, des Überflusses, des Entertainments und des demonstrativen Konsums – den Vereinigten Staaten. Es ist kein Zufall, daß Bars dort sind, wo das Geld ist, und Ende des 19. Jahrhunderts war das meiste Geld in der „schönen neuen Welt".

In seinem Buch *Straight Up or On the Rocks: A Cultural History of American Drink* (Simon & Schuster, 1993) untersucht William Grimes, warum die USA für die Bar- und Cocktail-Kultur so richtungsweisend sind. Er geht davon aus, daß der Grund dafür in den Wurzeln der amerikanischen Gesellschaft liegt: „Die Kolonisten wollten freiere, rauhere Luft atmen. Mit den Zwängen, die die Dörfer und Städte in der ‚alten Welt' so langweilig und eng machten, warfen sie auch die wärmende Decke der Bräuche, der Familienbindungen, Freundschaften und Loyalitäten ab. Die leistungsorientierten und mobilen Amerikaner mußten ein soziales System entwickeln, das eher auf schnelle und problemlose Bekanntschaften ausgerichtet war als auf starke, dauerhafte Bindungen." Er führt aus, daß der Cocktail selbst, eine Mischung aus teilweise höchst unterschiedlichen Zutaten, ein Symbol für den kulturellen Schmelztiegel der amerikanischen Gesellschaft und für den Bruch mit der vorindustriellen Vergangenheit sei.

Beeindruckend ist ein Vergleich der heutigen Trinkgewohnheiten mit denen der amerikanischen Saloons zur Zeit des

„Flüsterkneipen" (Speakeasies) waren die geheimen Kneipen und Clubs in den USA während der Prohibition in den 1920er Jahren.

Goldrauschs im 19. Jahrhundert, von der Grimes schreibt, daß Champagner durch die Städte floß „wie ein mächtiger, strömender Fluß". „Es war die Zeit des ‚viel hilft viel', und zwar nicht nur in bezug auf das Design. Amerika hatte eine unverkrampfte Einstellung zum Reichtum und seiner Zurschaustellung... Es gab kein Bewußtsein für den Widerspruch eines intimen öffentlichen Raums. Das Leben außerhalb der eigenen vier Wände war theatralisch und heldenhaft." Es war die Zeit der Millionäre und der Reichen, die ihren großzügigen Lebensstil in der Öffentlichkeit feiern wollten. Dies wirkte sich auf die Entstehung von Bars und Restaurants aus. Deren Stil war meist schwer, prunkvoll und viktorianisch, wie Grimes mit einem Zitat von Henry L. Mencken belegt: „Saloon-Architekten hielten sich an klassische Spiegel, ehrliches Messing und hochwertiges und beständiges Mahagoni." Grimes führt weiter aus, daß es „selten Lokalitäten gab, die nicht mit ihrer ‚kilometerlangen Bar' warben". Kommt uns das nicht bekannt vor? Auch in jüngster Zeit haben viele neu eröffnete Bars überall auf der Welt behauptet, sie hätten die längste Bar Londons, Europas, usw.

Es bestehen zwar Parallelen zwischen dem aktuellen Bar-Boom zu Beginn des 21. Jahrhunderts und der Zeit der großen Saloons Ende des 19. Jahrhunderts in Amerika, aber man darf darüber nicht vergessen, daß bei vielen Bars heute ein enger Zusammenhang mit der Entwicklung im Restaurantbereich besteht. In Weltstädten wie Los Angeles, New York, London und Sydney sind Anzahl und Vielfalt von Restaurants in den letzten 20 Jahren stark gestiegen, was dazu geführt hat, daß dem Bardesign jetzt mehr Aufmerksamkeit geschenkt wird. Zu einem großen Teil beruht diese Entwicklung auf der vermehrten internationalen Reisetätigkeit und darauf, daß man heute so viele verschiedene Kulturen kennt. Die Londoner Unternehmer Sir Terence Conran (*Quaglino's*, *Mezzo*, *Sartoria* und viele andere) und Oliver Peyton (*Atlantic Bar & Grill*, *Mash*) und der New Yorker Keith McNally (*Balthazar* und *Pasteis*) hatten großen Einfluß auf das Aufkommen der „Designer"-Restaurants und damit auch auf die Barszene, die wiederum auf der ganzen Welt kopiert wurde. Aber selbst diese Pioniere wurden ursprünglich von der französischen und der italienischen Gastronomie inspiriert.

Eine dynamische Restaurant- und Barszene entwickelte sich nach den 1980er Jahren, also zumindest in Manhattan und London zu einer Zeit auffälligen Reichtums und Überflusses. Der Wohlstand verlangte nach Bühnen, auf denen Medienprominenz und Geschäftsleute ihre Geschäfte tätigen oder sich einfach in der Gesellschaft ebenso stilbewußter und betuchter Gleichgesinnter vergnügen konnten.

Designer-Restaurants und -Bars in aller Welt bilden eine Art Club für Jetsetter und Stars. Viele Spitzenrestaurants in Manhattan haben eine eigene Bar für Gäste, die nicht essen möchten. Das steigert natürlich einerseits den Umsatz, andererseits ermöglicht es Gästen, die in bestimmten Lokalen gesehen werden möchten, zum Beispiel im *Balthazar* oder in der *Seagram Brasserie* (s. S. 68), einen Martini zu trinken, ohne das Unmögliche versuchen zu müssen: einen

Nachts treffen sich die Freaks in der vielleicht berühmtesten Disco der Welt – dem *Studio 54* in Manhattan.

Tisch zu reservieren. Dieses Konzept fördert sowohl die Beliebtheit als auch die Belebtheit – manche Restaurant-Bars sind in den Speiseraum integriert, andere sind zwar abgeteilt, aber mit dem Restaurant verbunden, wie etwa im *Shu* (s. S. 32).

Hotels und ihre Bars sind wieder ebenso „hip" wie Ende des 19. Jahrhunderts. Lucius Beebe schreibt in *The Stork Club Bar Book* (J. J. Little & Ives Company, New York, 1946), daß „die Geschichte Griechenlands in seinen Tempeln geschrieben steht, die der USA in ihren Hotels." Und weiter: „Um die Parallele noch weiter zu treiben, ein großer Teil der Geschichte New Yorks wurde in seinen Restaurants, Saloons, Nightclubs, Cafés, Cabarets, Bars, Lounges, Dining Rooms, Wirtshäusern, Fish-and-Chip-Shops, Gaststätten, Spelunken, Nachtlokalen, Bierstuben, Schenken und all den anderen Einrichtungen geschrieben, die Gästen mit den unterschiedlichsten Geschmäckern und finanziellen Möglichkeiten Speisen und Getränke bieten." Grimes erinnert außerdem daran, wie Hotelbars früher genutzt wurden, und beschreibt sie als die edelsten aller halböffentlichen Institutionen: „Auch wer nicht Gast war, konnte einfach in die Lobby gehen, sich in einen bequemen Sessel setzen und Zeitung lesen oder auf dem hauseigenen Briefpapier ein paar Briefe schreiben." Er bezeichnet *Hoffman House* als New Yorks angenehmste Stätte mit beachtlichen 17 Barkeepern und einer Unmenge riesiger Spiegel. Diese Hotelsalons, „diese glitzernden Bühnen der großen Gesten", fielen in den 1920er Jahren der Prohibition zum Opfer.

Die Renaissance der Hotelbars heute haben wir vor allem zwei Männern zu verdanken – Ian Schrager und Philippe Starck. Die beiden haben nicht nur „Destination Hotels" geschaffen – Hotels, die um ihrer selbst Willen eine Reise wert sind – sondern auch Bars, die sowohl von kosmopolitischen, stilbewußten Hotelgästen als auch von der ortsansässigen High-Society besucht werden. Philippe Starck gestaltete die *Oyster Bar* im *Felix Restaurant* des *Peninsula Hotels* in Hong Kong (1994) und das *Café Costes* in Paris (1984) so theatralisch und glamourös, daß sie nicht nur internationale Gäste anzogen, sondern auch die Hautevolee der Stadt. Ian Schrager, der Mann hinter dem legendären Nightclub *Studio 54* der 1970er Jahre, prägte den Begriff „lobby living" und erklärte, er würde Hotels zu den Nightclubs der 90er machen. Betrachtet man so unterschiedliche Hotelbars wie die *Met Bar* (eine der ersten „unabhängigen" Hotelbars in London) oder die Bars im *Hotel Atoll* auf Helgoland (s. S. 106) und dem *Hudson Hotel* in New York (s. S. 114), so hatte er damit offensichtlich Erfolg.

Ein Trend im Design von Hotelbars ist ein separater Eingang außer dem durch die Lobby – das Londoner Designerbüro United Designers gestaltete die *Met Bar*, zumindest theoretisch, nach Schragers glamourösen Hotelbars in Manhattan, wie dem *Royalton* oder dem *Paramount*, in denen sich die Stars treffen. Die Aufmerksamkeit der Einwohner erregen sie durch einen Eingang von der Straße aus – die Bar ist allerdings „nur für Mitglieder" und für Hotelgäste zugänglich. Das Design spielt auch im Hotelgewerbe heute

Links:
Vergnügen im New Yorker *Tunnel Club* Ende der 1980er Jahre.

Rechts:
Die *Paradise Garage* in New York mit dem von Keith Haring gestalteten Punch Bowl Room.

eine große Rolle. Hoteliers schenken ihren Bars die entsprechende Aufmerksamkeit, weil sie sehen, daß die Einnahmen beträchtlich sein können, wenn man den Gästen mehr als nur einen Schlafplatz bietet. Unabhängige Hoteliers sind diesem Trend gefolgt, von Andre Balazs' *Mercer* (von Christian Liagre) mit einer französischen Café-Bar bis hin zum *Morrison* in Dublin (Design-Konzept von John Rocha) mit drei beliebten Bars. Ein Beispiel für eine große Kette ist Starwoods Hotelkette *W* mit ihren hippen Whiskey-Bars. Selbst Traditionshotels wie das *Berkeley* und das *Claridge's* in London (s. S. 90) richten neue Bars ein, beide von David Collins, wenngleich sie auch ziemlich klassisch gestaltet sind und sich der bestehenden Architektur anpassen.

Das Spektrum der Hotelbars im 21. Jahrhundert reicht von ruhigen, entspannenden und gemütlichen Lounges wie der *Bar Tempo* in Japan (s. S. 86) über grelle, laute und brummende Showbühnen wie die *Long Bar* im *Sanderson Hotel* in London (s. S. 104) bis hin zu Late Night DJ Bars wie der *Met Bar* oder der *Time (Intergalactic) Beach Bar* in Whitley Bay in Großbritannien (s. S. 98).

Die tatsächlichen Ursprünge des Nightclubs sind schwer auszumachen – in gewissem Maße war er schon immer das, was Bars und Kneipen nicht sind, also eine (manchmal illegale) Möglichkeit, auch nach der Sperrstunde weiter zu tanzen und zu trinken. In ihrem informativen Buch über die Clubkultur, *Adventures in Wonderland: A Decade of Club Culture* (Headline, London, 1999), beschreibt Sheryl Garratt das Entstehen von Nightclubs aus den subversiven Wurzeln der Disco und der „Discothèque" mit einem Zitat aus Albert Goldmans Buch *Disco*: „Die erste öffentliche Unterhaltungseinrichtung, die das Wort benutzte, war vor dem Zweiten Weltkrieg eine Bar in der Rue Huchette in Paris." Sie führt aus, daß es sich zu dieser Zeit um behelfsmäßige Underground-Clubs handelte, in denen man zu Jazz und amerikanischem Swing tanzte.

Da die Clubkultur immer am Rande stattgefunden hat (neue, junge Trends beginnen meistens im Underground, bevor sie in den Mainstream integriert und kommerzialisiert werden), können, so Grimes, vielleicht auch die Flüsterkneipen aus der Zeit der Prohibition als Ursprung der heutigen Nightclubs angesehen werden. (Flüsterkneipen waren geheime Treffpunkte für Erwachsene, in die man nur mit dem richtigen Paßwort hineinkam. Genauso sind auch heute in vielen Clubs nur bestimmte Gäste oder Mitglieder erwünscht – mit dem richtigen Aussehen wird man eingelassen.) Tatsächlich hat zum Beispiel der *Stork Club* in New York den Übergang von der Flüsterkneipe zum legalen Nachtlokal geschafft, und auch die Nightclubs der 1940er Jahre in Hollywood, wie das *Ciro's* und das *Mocambo* am Sunset Strip, waren Nachfolger der Flüsterkneipen. Interessanterweise wurde Interieurs und Dekorationen von Nightclubs mehr Aufmerksamkeit geschenkt, sobald unter den Gästen auch Frauen waren.

Wenn man Geschichten von den dekadenten, glamourösen (und illegalen) Vorgängen in den Flüsterkneipen liest, die eine einzige Verhöhnung des Gesetzes waren, wirken die durchorganisierten, kostspieligen Dance Raves der 1990er Jahre dagegen fast peinlich. Über eine besondere Flüsterkneipe schreibt Suzanne Matczuk: „Da gab es das *Merry-Go-Round* („Karussell"), eine ausgeklügelte Konstruktion mit Karussellpferden als Barhockern und einer rotierenden Bar. Auf den Pferdchen saßen fesche Männer und todschicke Frauen und tranken Clover Clubs und Champagner-Cocktails – und alle elf Minuten drehten sie sich zu den surrealen Klängen der elektrischen Orgel." (*Cocktail-O-Matic: The Little Black Book of Cocktails*, Bain & Cox, 1998.)

Auch die Beschreibungen von Grimes lassen die Flüsterkneipen als Vorgänger der Partys der 1990er Jahre erscheinen (auf denen nicht Alkohol, sondern Drogen illegal konsumiert wurden). „Ein Toplokal bot vielleicht zwei Bars, eine Tanzfläche, Tischtennis- und Backgammonräume, Lounges, eine Kunstgalerie und eine Band." Ersetzt man die Kunstgalerie durch Videoprojektionen und die Band durch einen DJ, so erhält man etwas Ähnliches wie die Clubs am Ende des 20. Jahrhunderts. Andere Flüsterkneipen waren so elegant wie moderne Hotelbars: „Der von Joseph Urban gestaltete *Park Avenue Club* in New York hatte eine achteckige Bar, und drumherum Spiegel vom Boden bis zur Decke." (Man denke an die achteckige Bar im *Clarence Hotel* in Dublin – es hat sich nichts geändert.) Diese durchgestylten Interieurs lockten reiche Damen und Herren zum Amüsement im Geheimen, in glamouröser Atmosphäre. Die übliche Unterhaltung boten damals Livemusik und Cabaret. Es entstanden Tanzcafés und Ball-

säle, in denen große Bands für tanzende Paare spielten. Erst in den 1960er Jahren kamen DJs und Tanzclubs auf, die mit den heutigen Nightclubs vergleichbar sind. Sheryl Garratt schreibt dazu, daß „Paul Racine nach dem Krieg mit seinen Whiskey-à-Go-Go-Clubs den Trend fortführte, zu Schallplattenmusik zu tanzen statt zu Livemusik." Der erste dieser Clubs eröffnete 1947 in Paris, und ein ähnlicher am Sunset Strip in Los Angeles. Garratt beschreibt die Inneneinrichtung von zwei Discos Anfang der 1960er Jahre in Großbritannien so: „La Discothèque in der Wardour Street schwamm auf der Welle der sexuellen Befreiung mit: auf der Tanzfläche und darum herum standen Doppelbetten. 1962 eröffnete das Place in Hanley bei Stoke-on-Trent mit roter Beleuchtung und komplett schwarzer Ausstattung, bis auf den golden gestrichenen Eingangsbereich, falsche Leopardenfell-Tapeten in den Toiletten und einen kleinen Raum mit Sitzgelegenheiten, den sogenannten Fridge („Kühlschrank"), komplett in Weiß mit blauer Beleuchtung – vielleicht der erste Chill-Out-Room."

In New York wurde laut Garratt aus der Discothèque die „Disco": „Die ersten Etablissements in New York folgten dem Beispiel der französischen Clubs und richteten sich ausschließlich an reiche und berühmte Gäste." Natürlich drehte sich die Glitzerkugel der Disco-Ära vor allem in den 1970er Jahren, als in stillgelegten Theatern und Tanzcafés zahlreiche solcher Refugien entstanden. Tatsächlich berichtete die Daily News in New York, die Stadt werde „von einer wilden Welle der Discomanie überschwemmt" (vgl. Contract Interiors, November 1977). Am bekanntesten war sicher das Studio 54, die kurzlebige, aber unsterbliche Disco von Ian Schrager und seinem Partner Steve Rubell, die 1977 in einem alten Opernhaus von 1927 eröffnete (das zuvor vom Sender CBS genutzt wurde – daher der Name Studio 54). Laut Contract Interiors paßte sich Ron Douds Design in das ursprüngliche Interieur ein: „Die kunstvollen klassizistischen Verzierungen und Putzarbeiten wurden einfach gesäubert und mit schimmernder Farbe und ausgeklügelter Beleuchtung aufgehellt." Das Mobiliar war beweglich; dazu gehörten „zehn 2,5 x 2,5 m große Sitzmodule, die mit silbernem Vinyl überzogen waren."

Viele Charakteristika des Studio 54 finden sich in modernen Nightclubs wieder – spektakuläre Beleuchtung, Hunderte von optischen Effekten und eine „theatralische" Gestaltung. Die Struktur des Gebäudes verstärkte den Effekt – Balkon und Bühne der Oper bestanden noch, auf dem Balkon über dem großen Tanzparkett gab es Tische und Stühle. Um die Tanzfläche herum standen silberne Sitzbänke, und die rautenförmige Bar war verspiegelt. Im Untergeschoß lag der VIP-Raum. Das Studio 54 existierte nur 33 Monate lang, aber die Erinnerung daran überdauerte bis heute. Sheryl Garratt zeigt in ihrem Buch außerdem das Entstehen kreativer Clubs in der Schwulenszene Manhattans und Chicagos auf, wie der Paradise Garage oder des Loft. Diese Clubs waren zwar enorm wichtig für die Entwicklung heutiger Clubs wie dem Twilos in New York oder dem Ministry of Sound und der Fabric in London, aber sie waren fast gar nicht designt. Die Paradise Garage etwa lag in einem ehemaligen Parkhaus aus Gußbeton, und ihr her-

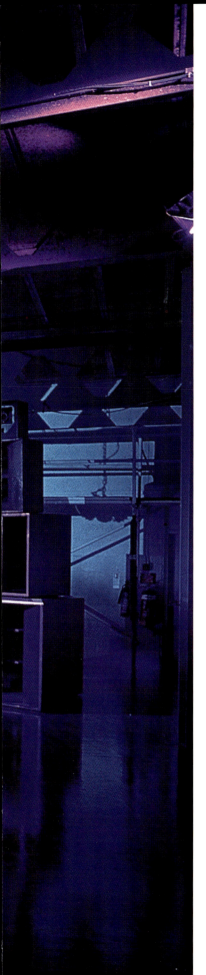
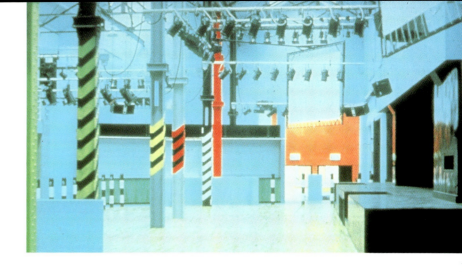

Links:
Im *Ministry of Sound* in London wurde das meiste Geld für Soundanlage und Schalldämmung ausgegeben, nicht für das Design.

Rechts:
Ben Kellys *Haçienda* in Manchester, dem Zentrum des „Summer of love" 1988, brach mit dem üblichen Design britischer Nightclubs.

ausragendstes Merkmal war die Tonanlage von Sound-Meister Richard Long (der später auch das Soundsystem im Ministry of Sound entwickelte). Ende der 1980er Jahre entstanden viele Clubs, zum Beispiel auch der *Tunnel* in New York, in ehemaligen Industriegebäuden wie Kraftwerken oder Lagerhallen. Möglicherweise stammt der Begriff House-Music von dem englischen Wort für Lagerhalle, warehouse, ab.

Die *Haçienda* des Designers Ben Kelly in Manchester und das von Lynn Davies gestaltete *Ministry of Sound* sind von dieser industriellen Lagerhallen-Atmosphäre beeinflußt. Garratt erinnert sich an die *Haçienda*: „Da gab es keine klebrigen Teppiche, keine Discokugeln und dunklen Nischen. Sie war hell und luftig, mit hohen Decken, Backsteinwänden, in Signalfarben gestrichenen Säulen und Verkehrspollern rund um die Tanzfläche, und sie war so untypisch für britische Nightclubs, wie es nur geht." Der Club befand sich in einer ehemaligen Jachthalle, und für die Inneneinrichtung haben die Besitzer (die Band New Order) sich unmittelbar von New Yorker Clubs wie der *Danceteria* inspirieren lassen. Die *Haçienda* eröffnete 1982, hatte aber ihre Blütezeit im „Summer of love", 1988. Schon bald bestimmten rohe Backsteindecken, ein spaghettiartiges Gewirr silbriger Leitungen und eine kahle quadratische Tanzfläche das Design der Nightclubs. Zwar kamen etwas gemütlichere Chill-Out-Lounges auf, aber das Wichtigste war und blieb Ende der 1980er und Anfang der 1990er Jahre immer die Musik, und meist wurde (auch dank der Beliebtheit der Droge Ecstasy) begeistert getanzt.

Im Jahr 2001 ist die Nachfrage nach Dance Clubs ungebrochen, wie die Eröffnungen des *The End* und der *Fabric* in London zeigen. Beide haben grobe, einfache Industrie-Interieurs und legen viel Wert auf die technische Ausstattung, auf modernste visuelle Effekte und Beleuchtungsanlagen und eindrucksvolle digitale Kommunikationssysteme. Die *Fabric* wirbt zum Beispiel mit ihrer „Body-Sonic"-Tanzfläche, die mit der Musik vibriert. Aber die Clubbing-Generation, die einst mit verschwitzten Musikschuppen zufrieden war, ist erwachsen und anspruchsvoller geworden. Daher rührt das Revival der Cocktail-Kultur durch und für die PEPSI-Generation („post-ecstasy, pre-senility") und der Anstieg der Late Night Bars und Clubs, in denen langsamere oder zumindest gedämpftere Musik gespielt wird als der übliche Pop, obwohl der DJ weiterhin eine wichtige Rolle spielt.

Heute ist die Lounge/Chill-Out-Area oft größer als die Tanzfläche – so zum Beispiel im *Chinawhite* (s. S. 142), im *NASA* (s. S. 182) und im *Lux* (s. S. 164). Selbst im *B 018* (s. S. 126) lassen sich die Tanzflächen in Sofas und Sessel verwandeln. Es wird immer Tanzlokale wie das *Bomb* (s. S. 134) oder *Next* (s. S. 140) geben, aber die Betreiber geben heute oft entweder das gesamte Lokal zum Tanzen frei oder trennen einen kleinen Raum extra dafür ab. Wo einst Speed und Ecstasy genommen wurden, um Acid House und Raves anzuheizen, ist die beliebteste Droge bei der älteren Ex-Clubbing-Generation heute eher Kokain. Wer muß noch ekstatisch tanzen, wenn diese Droge doch so zum Herumsitzen und Schwatzen einlädt?

Ganz links:
Die Cocktail Lounges Amerikas haben Bars in der gesamten westlichen Welt beeinflußt.

Links:
Die *Met Bar* stand an der Spitze der neuen Welle „hipper" Hotels in London.

Rechts:
Das *Teatriz* in Madrid, entworfen von Philippe Starck, dem Großmeister des theatralischen Designs.

Die Cocktail-Kultur in dekadentem Designer-Ambiente hat diese Tanzclubs in einem gewissen Maße verdrängt, und heute geht man in Cocktail-Lounges wie die *10 Room Chain* in London oder ins *Lot 61*, *Joe's Pub*, *Moomba* oder die *Lotus Rooms* in New York, um zu sehen und gesehen zu werden. Das gilt auch für Hotelbars – einige sind moderne Nightclubs, wie das *Hudson* mit seinem Saturday-Night-Fever-Fußboden (s. S. 114). Bei dem heutigen Eskapismus geht es weniger darum, sich auf einer vollen Tanzfläche in der Musik zu verlieren als um Glanz und Glamour. Bar- und Clubdesign ist allerdings sehr kurzlebig – die heißen Tips von heute können morgen schon ganz kalt sein. Die Trends des kommenden Jahres sind vielleicht das Gegenteil der heutigen Mode.

Der Boom auf dem Reise- und Freizeitmarkt und die Zunahme von Cateringunternehmen für Privat- und Geschäftsessen haben Betreibern gezeigt, daß der kritische Kunde von heute die Auswahl sucht. Sie versuchen daher, ihren Profit und die Lebensdauer ihrer Einrichtungen dadurch zu maximieren, daß sie ein möglichst breites Publikum ansprechen und verschiedenste Funktionen erfüllen. Wer auf relativ engem Raum in der Stadt lebt, zelebriert zunehmend einen sorgfältig durchdachten „Lifestyle", zu dem das Essen und Trinken außer Haus gehört, und so versuchen Bar- und Restaurantbesitzer den kosmopolitischen, kultivierten Gast anzusprechen.

Architekten und Designer werden beauftragt, Interieurs zu entwerfen, die sowohl tagsüber als auch nachts genutzt werden können – Café-Bars, die abends zu Lounges werden oder Mehrzweck-Räumlichkeiten, in denen man unter einem Dach essen, trinken und tanzen kann. Eigentlich ist das nichts anderes als das, was die bereits erwähnten Flüsterkneipen der Prohibitionszeit in den USA boten, aus denen sich die Nightclubs und Dance Halls der 1940er und 1950er Jahre entwickelten.

Für die Flexibilität im modernen Bardesign spielten neue Technologien eine wichtige Rolle. Licht- und Filmeffekte wurden in Clubs ausprobiert, oft in minimal oder gar nicht gestalteten Räumen. Die nackten Wände bilden eine gute Leinwand für Projektionen. Dieser Effekt wird nun auch in Bars genutzt. Zweifelsohne sind viele der Late Night Cocktailbars und Lounges von der und für die ehemalige Clubbing-Generation eingerichtet worden. Professionals in den Dreißigern, die einst regelmäßig Clubs besuchten und Teil der Ecstasy-Kultur waren, die illegale Partys besuchten und an improvisierten Treffpunkten zusammenkamen, haben in den großen Städten eine gepflegte Barszene entwickelt und wissen sie zu schätzen. Ein gutes Beispiel für Flexibilität durch Design, oder vielleicht eher durch Dekoration, sind Clubs wie das Londoner *Raw*, dessen Interieur jährlich ausgetauscht wurde. Hier begann die Karriere des Restaurantbesitzers und Unternehmers Oliver Peyton, der später den *Atlantic Bar & Grill* in London und die *Mash*-Restaurants und -Bars besitzen sollte.

Es führen also zwei Wege zu „flexiblen Räumlichkeiten" – entweder der Raum wird für unterschiedliche Verwendungs-

Die asiatisch beeinflußte *Buddha Bar* von Miguel Cancio Martin in Paris hat viele Nachahmer gefunden.

möglichkeiten aufgeteilt, oder das Erscheinungsbild läßt sich mit Hilfe neuer Technologien verändern. Zu den ersteren gehören Restaurant-Bars wie das *Shu* (s. S. 32) oder die *Church Lounge* (s. S. 122), das *Embassy* (s. S. 160) oder die *Bar Lounge 808* (s. S. 54), deren Chestnut Room erst abends öffnet. Zur zweiten Gruppe gehören unverkennbar das *Lux* (s. S. 164) im Lagerhallenstil, auf dessen Schiebewände Bilder projiziert werden (ähnlich wie in der New Yorker Lounge Bar *Lot 61*) und die *Bar Nil* mit den unterschiedlich positionierbaren Vorhängen (s. S. 152) und der nackten Einrichtung, die als Leinwand für Videoprojektionen fungiert. Diese Interieurs sind ganz auf die moderne Technik ausgerichtet. Die Veränderung der Atmosphäre durch farbiges Licht (eine Idee, die noch aus der Halogenzeit der Discos stammt) ist ein beliebtes Mittel, zum Beispiel in der Lounge Bar *Antidote* (s. S. 42) und in vielen Clubs wie dem *Astro* (s. S. 154), dem *Bomb* (s. S. 134) und dem *Supperclub* (s. S. 136). Die eklatanteste Veränderungsmöglichkeit bietet sicher das ausfahrbare Dach des *B 018*, mit Hilfe dessen es vom unterirdischen Bunker in einen Open-Air-Club verwandelt werden kann (s. S. 126).

Flexibilität steckt bei vielen Designern auch in den Details – in vielen Lokalen dienen Multifunktionsmöbel als Sitze, Tische und Tanzflächen. Im *Float* (s. S.172), der *Bar Nil* und dem *B 018* werden die Sitze auch als Tanzflächen genutzt, und im *Brown* (s. S. 62) läßt sich das Mobiliar zusammenfalten, um Platz zu gewinnen. Die Sitzmöbel im *Lux* (s. S. 164) und im *Soft* (s. S. 76) können verschoben werden. Es herrschen flexible Zeiten im Bar- und Clubdesign – vielleicht ein Indikator für die informelle, entspannte Stimmung in den Lokalen von heute, vor allem in den Discos und Nightclubs. Diese Flexibilität ist außerdem ein Versuch, die Lebensdauer der Einrichtungen zu verlängern.

Wenn sich in Bars und Clubs alles um die richtige Inszenierung dreht, wenn die Gäste sich dort als Schauspieler fühlen, dann ist es kein Wunder, daß das Theater auch thematisch oft eine wichtige Rolle spielt. Philippe Starck ist ein Meister der dramatischen Geste und des großen Auftritts – in seinen Räumen fühlen sich die Gäste wie auf der Bühne. Man sehe sich nur einmal das *Teatriz* in einem ehemaligen Theater in Madrid (1990) an, oder die neuere *Long Bar* im Londoner *Sanderson Hotel* (s. S. 104). Starck wendet zahlreiche Tricks an. Am liebsten spielt er mit den Proportionen, stellt unterschiedlichste Objekte und Einrichtungsgegenstände zusammen, um einen surrealen Effekt zu erzielen, macht harte Oberflächen weicher, indem er sie mit gepolstertem Leder, Seide oder Samt überzieht, und setzt eine theatralische Beleuchtung ein. Dramatische Elemente können auf sehr unterschiedliche Arten eingebracht werden, zum Beispiel einfach durch die Ausmaße – wie etwa in Bernard Khourys prächtigem *B 018* (s. S. 126) mit den roten Vorhängen und dem sich öffnenden Dach – oder durch Licht – zum Beispiel in der *Hudson Hotel Bar* (s. S. 114), ebenfalls von Starck, mit ihrem leuchtenden Boden im Disco-Stil, oder im *Jazz Matazz* (s. S. 146) der Architekten Jubert und Santacana, wo die Silhouetten der Gäste sich gegen die leuchtenden, bernsteinfarbenen Lichtboxen abheben.

Andere Möglichkeiten, einen Raum dramatisch zu gestalten, sind verschiedene Blickwinkel und Sichtfluchten und unterschiedlich hohe Flächen, dank derer manche Gäste auf einer Bühne zu stehen scheinen. Dieser Effekt kann durch Balkone, Halbgeschosse und verschiedene Ebenen erzielt werden. Ende der 1970er Jahre befand sich in einem ehemaligen Opernhaus in Manhattan der Club *Studio 54* – viele Clubs in den 1970er Jahren lagen in ausgedienten Kinos oder Ballsälen. Das *Hippodrome* in London befindet sich in einem alten Theater von 1900, und auch andere Lokale in der englischen Hauptstadt, wie das *Astoria* oder das *Camden Palais* nutzen ähnliche Räumlichkeiten. Der moderne, theatralische Effekt ist gewissermaßen schon eingebaut. Eine ähnliche Dramatik findet sich auch in den durchgestylten, „prunkvollen Moore-Phantasien" von Clubs auf Ibiza, über die Sheryl Garratt schreibt, wie das *Ku* oder das *Pacha*.

Die Art der Beleuchtung, schwere Vorhänge und Spiegel tragen heute in vielen Clubs zu einem spektakulären Erscheinungsbild bei. Man denke nur an die verspiegelten Tische in der *Purple Bar* (s. S. 104), die VIP-Logen in der *Mink Bar* (s. S. 112) oder die farbenprächtigen Vorhänge und verschiedenen Ebenen im *Chinawhite* (s. S. 142). *Man Ray* (s. S. 148), *Café l'Atlantique* (s. S. 178) und *Float* (s. S. 172) sind ebenfalls gute Beispiele für durchdachte, voyeuristische Inneneinrichtungen. Ganz wichtig ist natürlich die Inszenierung des „dramatischen Auftritts", wie Conran, Hobbs & Coppick es im Restaurant *Quaglino's* in London zeigen (1995, in einem alten Ballsaal). In der *Seagram*

Die *Pod Bar* des innovativen, futuristischen Designers Marc Newson in Tokio.

Brasserie (s. S. 68) wird der dramatische Auftritt unter anderem dadurch gewährleistet, daß Videokameras die Ankunft der Gäste in die Bar übertragen: Theater pur.

Daß Ideen sich gegenseitig beeinflussen, ist ein natürlicher Prozeß – das Gasthaus kam aus Europa in die Neue Welt, und das Wort „Discothèque" stammt aus dem Französischen, auch wenn die Musik, zu der man dort tanzte, Jazz und Swing aus Amerika waren. Wie in der Küche sind auch in der Arbeit eines Designers verschiedenste Einflüsse aus der ganzen Welt erkennbar. Eine Zeitlang war Marokko ein beliebtes Thema, mit warmen Farben, gemütlichen Kissen und überbordenden Sitzmöbeln, die für ein attraktives Ambiente sorgten.

Trendsetter in diesem Bereich waren das Restaurant *Momo* und die Kellerbar *Kemia* in London. Heute finden sich ähnliche Bars in vielen Städten, so z.B. das *Babaza*, das *Po Na Na* und das *SO.UK*. In New York gibt es das *Moomba* und das *Tangerine*, beide von David Schefer Design, und auch Miguel Cancio Martins hat mehrere Bars im nordafrikanischen Stil eingerichtet. Der zweite starke Einfluß kommt aus Asien – in ganz Europa schießen Buddha-Bars aus dem Boden, etwa das *Opium* oder das *Hakkasan* in London oder das beeindruckende *Tao Bistro* in Manhattan. Satmoko Ball haben sich für das *Chinawhite* (s. S. 142) von Indonesien inspirieren lassen, flechten aber auch balinesische und chinesische Details mit ein. Dank der großen Popularität von Wodka haben die meisten Städte inzwischen auch eine russische Bar, inklusive Propagandaplakaten. Beispiele hierfür sind das *Pravda* in New York und Dublin, die *Mink Bar* (s. S. 112) in Melbourne oder das *Babushka* in London.

Viele Designer mischen fremde und exotische Einflüsse in ihre Interieurs, ohne sie offen zu thematisieren. Starck stellt in seinen Hotelbars afrikanische Einrichtungsgegenstände neben französische Louis-XV-Möbel, Michael Graves setzt in der *Miramar Hotel Bar* (s. S. 102) volkstümliche Baukunst ein, Jeffrey Beers benutzt im *Float* (s. S. 172) asiatische Details, und Yasumichi Morita entwirft zeitgenössische Interieurs aus traditionellen japanischen Materialien (s. S. 40).

„Cocktail-" oder „Style"-Bars sind unter amerikanischem Einfluß auf der ganzen Welt entstanden. Man denke nur an die vielen Lounges im New Yorker Stil – von der *Crow Bar* (s. S. 60) und der *Embassy* (s. S. 160) in Sydney bis zum *Lux* (s. S. 164) in Lissabon. Ob die USA unverhohlen das Thema sind oder eher ein subtiler Einfluß, es gibt keinen Zweifel, daß die Designwährung von Bars und Clubs global gültig ist.

Bars und Clubs werden als Orte der Zuflucht angesehen, deshalb sind die Designer bemüht, ihnen etwas Unwirkliches zu verleihen, das die Gäste aus dem Alltag entführt. Dank der Erfindung synthetischer, formbarer Materialien wie Plastik und Glasfaser konnten Designer wie Verner Panton, Ettore Sottsass und Eero Saarinen in den 1960er Jahren ergonomische Möbel und völlig neuartige Objekte entwerfen. In Kombination mit dem Aufkommen der

Links:
Momos *Kemia Bar* setzte nicht nur in Großbritannien den Trend zu marokkanisch anmutenden Interieurs.

Rechts:
Das *Atlantic Bar & Grill* von Oliver Peyton eröffnete 1995 und schob das Cocktailbar-Revival in London an.

Raumfahrt resultierte daraus ein futuristisches Design. In der zweiten Hälfte der 1990er Jahre erlebte diese Ästhetik ein Revival – vielleicht hatte das Herannahen des dritten Jahrtausends damit zu tun – und war somit gleichzeitig nostalgisch und futuristisch, sozusagen retro-futuristisch. Obwohl in die Zukunft gerichtet, hatte dieser Stil doch auch etwas Vertrautes, da sich das Design, ebenso wie die Mode, zumindest teilweise zyklisch entwickelt. Vielleicht liegt in diesem Comeback auch die Nostalgie einer ganzen Generation.

An Bars und Clubs können sich junge Designer wunderbar austoben. Die Lebenserwartung von Bars beträgt oft weniger als drei Jahre, daher geht es oft nicht darum, ein klassisches Design zu entwerfen, sondern darum, ein Symbol der Zeit zu gestalten. Retro-futuristische oder futuristische Formen finden sich in Bars auf der ganzen Welt. Ein gutes Beispiel sind Disneys *Encounter Bar* und *Restaurant* im ehemaligen Tower des Flughafens von Los Angeles, die wie ein riesiges Dreibein von H. G. Wells aussehen. Außerdem sind in diesem Zusammenhang Marc Newsons *Pod* (1989) in Tokio und sein *Mash & Air* Restaurant mit Bar (jetzt geschlossen) in Manchester, England, zu nennen, die er für Oliver Peyton entwarf. Das Design für dessen Londoner Lokal entwickelte Andy Martin.

Paul Dalys *Time (Intergalactic) Beach Bar* (s. S. 98) baut auf der galaktischen, spacigen Ästhetik auf, die er bereits im Londoner Bar-Restaurant *The Saint* realisiert hatte. Und schließlich sind da natürlich noch das *Astro* (s. S. 154), das *Bomb* (s. S. 134), das *NASA* (s. S. 182) und Airconditioneds *Soft* (s. S. 76) in Tokio. Die *Atoll Bar* (s. S. 106) auf der Nordseeinsel Helgoland von Alison Brooks, der ehemaligen Design-Partnerin von Ron Arad, sieht aus wie ein kleines Raumschiff, und selbst Fabio Novembres *Café l'Atlantique* (s. S. 178) wird von zwei Terminator-ähnlichen Androidenfiguren bewacht. Diller & Scofidios *Seagram Brasserie* (s. S. 68) weist mit Gelsitzen und der Back Bar aus Panelite in eine leuchtende Zukunft – Materialien in einem neuen Kontext. Im allgemeinen finden sich diese Weltraum-Elemente vor allem in Late Night Clubs, deren Gästen damit ein Erlebnis vermittelt wird, das nicht von dieser Welt ist.

Während neue Technologien das Leben beschleunigen, scheinen viele Designer zu versuchen, den Gästen Ruhe zu vermitteln. Viele setzen neutrale, erdige Farbtöne ein, und die Cocktail Lounge der 1950er Jahre scheint zurückzukehren. Dies könnte eine Reaktion auf die hektischen Clubs der frühen 1990er Jahre sein, oder symptomatisch für die Überfülltheit der heutigen Städte, deren Bewohner sich in einem zweiten Zuhause treffen, weil ihre Wohnungen zu voll sind. Der zunehmende Einsatz von Sitzgelegenheiten in Lokalen, die Alkohol ausschenken, könnte auch damit zusammenhängen, daß immer mehr Frauen sich an dieser einst typisch männlichen Freizeitgestaltung beteiligen. Tatsächlich haben Frauen in der gesamten Geschichte der Bars und Trinklokale deren Design beeinflußt. (Die erste Weinstube in London wurde von einer Architektin als Gegenpol zu den dunklen Pubs gestaltet.) Niedrige, bequeme Sitzmöbel, Clubsessel, Sofas und gepolsterte Bänke sind in vielen modernen Bar- und Clubinterieurs unerläßlich geworden. Das geht so weit, daß selbst das Londoner *Ministry of Sound* bei der letzten Renovierung durch United Designers eine große Lounge Bar erhielt.

Es gibt ebenso viele Designer, die klassische, dauerhafte Interieurs entwerfen wie solche, die phantasievolle Räumlichkeiten nur für den Moment schaffen. Wie auch immer, die Ideen und Träume von Barbesitzern und Designern schaffen für Salonlöwen und Partylöwen, Nachteulen und Nachtschwärmer, Geschäftsleute und Lebemänner aufregende Treffpunkte, an denen man trinken, Geschäfte machen, sich zurücklehnen und entspannen, aufwendig essen, sich in Szene setzen oder die Musik genießen kann. Auf den folgenden Seiten soll gezeigt werden, daß Bars und Clubs aufgrund ihres Designs Refugien, Fluchtstätten aus dem Alltag sein können.

Bars und Restaurant-Bars

Orbit Bar/Page/Shu/Leshko's/Tsuki-No-Ie/Antidote/Bar Lodi/
The Red Sea Star/Bar Lounge 808/Crow Bar/Brown/rumjungle/
The Seagram Brasserie/The Corinthian/Soft/BAR Ballad BAR

Sydney, Australien
Burley Katon Halliday, 1999

Orbit Bar

Vorige Seite:
Die *Orbit Bar* im Cockpit-Stil liegt im äußeren, rotierenden Ring, der sich in 105 Minuten einmal ganz dreht.

Links:
Fenster vom Boden bis zur Decke bieten eine herrliche Aussicht auf die Skyline von Sydney.

Rechts:
Eero Saarinens Tulpenstühle lassen den Geist der 1960er Jahre wieder aufleben.

Jede Stadt sollte eins haben – ein himmelhoch aufragendes Wahrzeichen mit einer Bar oder einem Restaurant darin, mit einem spektakulären 360°-Rundblick über die Stadt. Londons drehbares Restaurant an der Spitze des Telecom-Turms gibt es heute nicht mehr, aber New York hat die *Greatest Bar on Earth* oben im *World Trade Centre*, in Los Angeles liegt das *Encounter* im ehemaligen Tower des Flughafens, und in Dublin gibt es die *Gravity Bar* im Atrium an der Spitze des Pintglas-förmigen Guinness-Turms. Das größte ist das *Summit Restaurant* in Sydney – die sich drehende Krone von Harry Seidlers preisgekröntem 48-stöckigen *Australia Square Tower* von 1969.

30 Jahre später wurde das hippe, moderne Designerteam Burley Katon Halliday (BKH), das vor allem für sein elegantes Boutique-Hotel *The Kirkton* bekannt ist, mit der Neugestaltung dieser „Ikone von Sydneys Restaurantkultur" beauftragt. Iain Halliday erinnert sich an den Auftrag des Besitzers, bei der Renovierung vorsichtig vorzugehen, „und nicht das Kind mit dem Bade auszuschütten und die Stammgäste zu vertreiben" (*Architecture Australia*, März/April 1999). Das vorhandene Interieur war offensichtlich von Stanley Kubricks Film *2001 – Odyssee im Weltraum* von 1968 inspiriert. Einige der herausragenden Merkmale, die BKH für wichtig hielten, wurden beibehalten und verstärkt, um den Gesamteindruck des Originals zu erhalten.

Natürlich ist der spektakuläre Ausblick, den die riesigen Fenster vom Boden bis zur Decke ermöglichen, das wichtigste Charakteristikum des *Summit*, vor allem in Kombination mit den verschiedenen konzentrisch angeordneten Ebenen, deren äußerster Ring sich in 105 Minuten einmal um den festen, höher liegenden Kern dreht.

Diese grundlegenden Merkmale ließen BKH bestehen und verstärkten sie, wo immer es möglich war. Halliday erklärt dazu: „Wir haben alle Elemente entfernt, die den Blick durch den Raum und auf das Panorama versperrten – optischen Ballast. Nachdem wir alles Überflüssige los waren, haben wir eine begrenzte Palette Farben und Materialien festgelegt und klassische Knoll-Stühle eingesetzt." (*Architecture Australia*, März/April 1999). So verschwanden hoch liegende Servicebereiche und Metallwände, die den Blick versperrten. Was neu hinzukam, war niedriger und ergänzte die runde Grundform.

Das *Summit* ist zwar hauptsächlich ein Restaurant, aber die *Orbit Bar* im Cockpit-Stil gehört auch dazu. Ein paar geschwungene Stufen führen zwischen den Speiseflächen zu der Bar hinunter, in der sich auch ein kleiner Konzertflügel befindet. Die *Orbit Bar* hat einen leuchtend roten Teppichboden und liegt, wie der Name schon vermuten läßt, auf der rotierenden äußersten Ebene. Das ursprüngliche 1960er-Jahre-Ambiente wurde durch Eero Saarinens unverwechselbare, weißschimmernde Glasfaserstühle in Tulpenform wiederbelebt. Dazu passen die Stahldrahtstühle von Harry Bertoia, die im gesamten Speisebereich eingesetzt wurden. Im inneren Ring stehen außerdem lederne Sitzbänke, die mit Blickrichtung auf das Panorama ausgerichtet sind. Die gedämpfte Beleuchtung sorgt für eine intime Atmosphäre und läßt die Lichter der Stadt erst richtig zur Geltung kommen.

Das *Summit* und die *Orbit Bar* sind hervorragende Beispiele für retro-futuristische Einrichtungen – die gewagte Farbpalette Rot, Weiß und Silber und die Formen der 1960er Jahre lassen den technologischen Optimismus dieser Dekade und gleichzeitig nostalgische Gefühle aufleben. Dieser Effekt und neue, raffinierte Stilelemente – wie der graue Terrazzoboden im inneren Ring als Kontrast zu dem roten Teppich und den feinen metallischen Vorhängen an einem Mauerbogen – machen die Umgestaltung zu mehr als einer bloßen Renovierung. BKH haben das Interieur verfeinert – mit minimalen stilistischen Mitteln erfüllt es seinen Zweck: denen, die hoch hinaus wollen, den besten Blick auf Sydney zu bieten.

Page

Tokio, Japan
Yasumichi Morita, 1998

Links:
In Moritas verspiegelter Wand wirkt Kondos beleuchteter Ketten-Vorhang wie ein schimmernder metallischer Schirm.

Rechts:
Die kleine Bar, an der fünf Personen Platz haben, ist durch Kettenvorhänge von der Lounge abgeteilt.

Ganz rechts:
Die einfachen Lampenschirme wirken durch die Spiegelwand wie kitschige Doppellämpchen.

Skizze:
Der Besitzer der Bar liebt Bücher. Morita entwarf daher zwei miteinander verbundene Wände aus poliertem Stahl mit vertikalen und horizontalen Schlitzen, in denen Bücher stecken.

Yasumichi Morita aus Osaka entwirft mit einer Kombination aus atmosphärischer Beleuchtung und herrlichen Materialien glanzvolle, faszinierende Interieurs. Das *Page* ist eine Lounge Bar im Untergeschoß mit dem Thema Bücher – nicht irgendwelche alten Bücher, sondern bibliophile Schmuckstücke. Es gibt sogar ein winziges Nebenzimmer mit Galerie, die als Schaukasten für Werke der Zeitschrift *Visionaire* dient. Sehr passend, wenn man bedenkt, daß die Bar in Daikanyama liegt, einem der zur Zeit beliebtesten Stadtteile Tokios. Im *Page* trifft sich die Mode- und Medienprominenz der Hauptstadt.

Das *Page* ist das Ergebnis einer Kooperation von Yasumichi Morita mit dem japanischen Innendesigner Yasuo Kondo, der auf Ladendesign spezialisiert ist und vor allem mit seinen Arbeiten für Yohji Yamamoto bekannt wurde. Anstatt zusammenzuarbeiten, teilten sie den rechteckigen Loungebereich in zwei Hälften auf, von denen jeder eine gestaltet hat. Zudem hat Morita den Visionaire-Nebenraum und Kondo die Toiletten entworfen.

Für die Wände wählte Morita Edelstahl mit verspiegelter Oberfläche, damit das Interieur nicht unzusammenhängend wirkt. Er wußte, daß alles, was Kondo sich einfallen lassen würde, reflektiert werden würde. Der Barbesitzer liebt Bücher, also spielte Morita mit den Möglichkeiten von Bücherregalen und entwarf zwei miteinander verbundene Wände aus poliertem Stahl mit vertikalen und horizontalen Schlitzen, in denen Bücher stecken. Der Effekt ist ziemlich enervierend – die Bücher scheinen im Raum zu schweben, und durch die Spiegelung wirkt es sogar, als steckten sie auch in den weißen Ledermöbeln. Moritas Humor zeigt sich in den einfachen Schirmlämpchen an der Wand, die im Spiegel wie kitschige Doppellämpchen wirken.

Kondos Kettenvorhänge ergänzen die Spiegelwände. In der Reflexion wirkt der beleuchtete Metallvorhang wie eine glänzende, metallische Wand und trägt so zur glamourösen Atmosphäre der Lounge bei. Diese schimmernden und beleuchteten Wände lassen zusammen mit dem schwarzen Eichenfußboden und den schwarzen Decken den Raum mit der niedrigen Decke größer erscheinen. Die kleine Bar hinter der Kettenwand trägt ebenfalls dazu bei. Als der Lichtdesigner Ingo Maurer das Page besuchte, war er so begeistert, daß er einige seiner eigenen Stehlampen spendete.

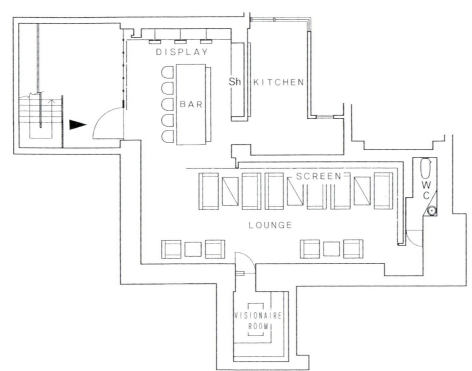

Oben:
Das kleine Nebenzimmer mit Galerie dient als Schaukasten für Werke des Magazins *Visionaire*.

Großes Bild rechts:
Die Bücher scheinen zu schweben, und durch die Spiegelung wirkt es, als steckten sie selbst in den weißen Ledermöbeln.

Grundriß:
Die Gäste betreten zuerst die kleine Bar, durch die man in die Lounge kommt. Von hier aus gelangt man ins Nebenzimmer.

Mailand, Italien
Fabio Novembre, 1999

Shu

Die konzentrisch abgestufte silberne Bar ist in grünes Neonlicht getaucht, das von eingelassenen Spots ausgeht.

Grundriß:
Hier zeigt sich eine klare Raumaufteilung. Die Gäste betreten zuerst die Bar und gehen, wenn sie essen möchten, durch ins Restaurant.

Rechts:
Das im Gegensatz zur Bar fast gänzlich schwarze Interieur des Restaurants wird von zwei riesigen goldenen Unterarmen dominiert – eine Darstellung des ägyptischen Gottes Shu, der den Himmel stützt.

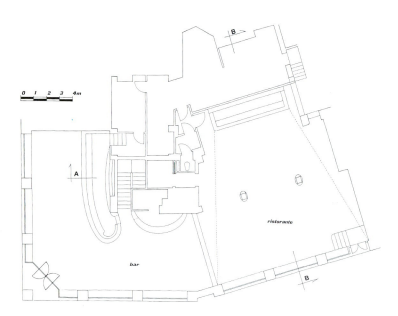

Das Motto des Designers Fabio Novembre lautet „Sei dein eigener Messias". Auf seiner Website www.novembre.it beschreibt er sich so:

„Seit 1966 fühle ich mich angesprochen, wenn man Fabio Novembre zu mir sagt.
Seit 1992 fühle ich mich auch angesprochen, wenn man ‚Architekt' zu mir sagt.
Ich schneide einen Raum in das Vakuum, indem ich Luftblasen hineinpuste, und ich verschenke spitze Nadeln, damit ich auf dem Teppich bleibe.
Meine Lungen sind von den Düften der Orte durchdrungen, an denen ich war, und wenn ich hyperventiliere, dann nur, um eine Zeitlang die Luft anhalten zu können. Ich lasse mich im Wind treiben wie Pollen und bin überzeugt, daß ich alles um mich herum verführen kann.
Ich will atmen, bis ich ersticke.
Ich will lieben, bis ich sterbe."

Novembres Gefühle ähneln denen des britischen Künstlers Damien Hirst, die im Titel seiner Monographie so zusammengefaßt werden: *I Want to Spend the Rest of my Life Everywhere, with Everyone, One to One, Always, Forever, Now* („Ich will den Rest meines Lebens überall verbringen, mit jedem, von Angesicht zu Angesicht, immer, ewig, jetzt." Booth-Clibborn Editions, London, 1997) – beide fangen eine leidenschaftliche Fin-de-siècle-Besessenheit von Leben und Tod ein. Allerdings benutzt Hirst medizinische Metaphern und kalte, klinische Bilder, um seine Vorstellungen von Leben und Tod zu schildern, wohingegen Novembre in den Himmel blickt und bei seinen Interieurs auf Glanz und Glamour setzt. Oft stellt er fantastischen, manchmal sogar himmlischen Motiven technische, alltägliche Symbole der modernen Zeit gegenüber. Die Restaurant-Bar *Shu* in Mailand wurde im September 1999 eröffnet und ist eine Novembre-Glanzleistung.

Gäste betreten zuerst die Bar mit der konzentrisch abgestuften, silbernen Theke, die an das Guggenheim Museum in New York erinnert. Das grüne Neonlicht aus in die einzelnen Schichten eingelassenen Spots läßt sie wie ein futuristisches Raumschiff wirken. Der grasgrüne Kunstharzboden und transparente Plastiktische mit spiegelnden Tischplatten verstärken den Effekt. Das Restaurant bildet einen Kontrast dazu – man steigt drei Stufen hoch und betritt es durch schwarze Samtvorhänge, die von silbernen Ketten zurückgehalten werden. In dem dunklen Raum mit schwarzer Samtverkleidung an den Wänden, schwarz umrandeten Stühlen und schwarz gekacheltem Mosaik-

fußboden leuchten zwei goldene Unterarme. Die riesigen Gliedmaßen wachsen aus einem Lichtring im Boden empor und scheinen die Decke zu tragen – eine ikonische Darstellung von Shu, dem ägyptischen Gott der Luft und der Atmosphäre, der der Mythologie zufolge den Himmel stützte und ihn hoch über die Erde hielt.

Statt himmlischer Sterne hat Novembre eine Galaxie von symmetrisch angeordneten Stromkreisen aus umrahmten Lichtboxen geschaffen. Diese grün leuchtenden Tafeln sind unter der gesamten Decke verteilt, die sich zu einer zweiten Bar am anderen Ende des Restaurants hin absenkt. Die Front der türkis schimmernden, von Edelstahl umrahmten Theke besteht aus scharfkantigen Glasplatten, die von hinten mit Glasfaserkabeln beleuchtet werden. Die Wände zu beiden Seiten des Barbereichs bestehen aus kugelsicherem Glas, das von Schüssen durchlöchert ist und von den Kanten her beleuchtet wird, so daß die Einschüsse wie eine planlose Nachbildung stellarer Konstellationen wirken. Diese dramatischen Effekte und die theatralische Atmosphäre machen die Gäste zu einfachen Sterblichen, die wie Shu zwischen Himmel und Erde gefangen sind.

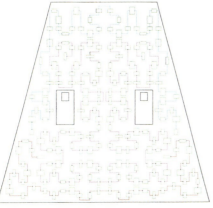

Links:
Schwarze Samtvorhänge, die von silbernen Ketten zurückgehalten werden, umrahmen den Durchgang von der Bar zum Restaurant. Die Wände rechts bestehen aus kugelsicherem Glas, das von Schüssen durchlöchert ist, so daß die Einschüsse wirken wie der Sternenhimmel.

Deckenplan:
Die Zeichnung zeigt die Symmetrie des stromkreisartigen Arrangements von Lichtboxen.

Oben:
Eine der vielen grünen Lichtboxen an der Decke.

Leshko's

New York, USA
David Schefer Design, 1999

Links:
Die Flagstone Bar ist als kaminartiger „Stützpunkt" gedacht. Sie ist das erste, was die Gäste bei ihrer Ankunft sehen.

Grundriß:
Um mehr Platz zu gewinnen, wurde für die L-förmige Lounge ein Teil des Nachbargebäudes hinzugenommen.

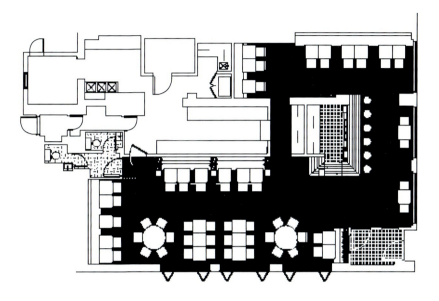

Die Retro-Ästhetik des *Leshko's* ist kein Zufall. Das gemütliche Nachbarschaftsrestaurant, das kürzlich von David Schefer und Eve-Lynn Schoenstein gestaltet wurde, ist seinem Namenspatron nachempfunden, dem legendären ukrainischen Restaurant, das 1957 an derselben Straßenecke im New Yorker East Village eröffnete. Der Familienbetrieb *Leshko's* trug den Namen seiner Besitzer und florierte offensichtlich bis Ende der 1970er Jahre. Ein Treffen des heutigen Eigentümers mit dem Sohn des damaligen Restaurantbesitzers resultierte in dem Beschluß, „einen gemütlichen Treffpunkt für die Nachbarn zu schaffen, der die Atmosphäre und den Geist der Glanzzeit des ursprünglichen Restaurants wieder aufleben läßt".

Die Neugestaltung muß im Zusammenhang mit der allgemeinen Entwicklung im East Village gesehen werden. Die einst berüchtigten „Alphabet Streets" erfreuen sich seit einiger Zeit erhöhter Beliebtheit, und die Gegend um den Tompkins Square bietet eine eklektische Mischung aus niedrigen Wohnhäusern, Restaurants, Bars und schicken Geschäften. Im Zuge der allgemeinen Verschönerung des Viertels bekam die Außenfassade zur Seitenstraße hin neue Glastüren vom Boden bis zur Decke, die sich in den Sommermonaten zusammenfalten lassen, so daß das Restaurant in sein Umfeld integriert wird.

David Schefer Design entfernte alle Elemente des bestehenden Restaurants und vergrößerte den Raum durch die Integration einer L-förmigen Loungefläche, die vorher zum Nachbargebäude gehörte. Die Flagstone Bar ist das Kernstück – sie verbindet die beiden Teile miteinander und versteckt außerdem die Küche und die Service Points. Sie ist das erste, was die Gäste sehen, wenn sie durch den Eingang an der Ecke kommen. Die Designer erklären dazu: „Die Bar ist als kaminartiger ‚Anker' gedacht". Die Kombination von Hängelampen von Poul Henningsen, Verkleidungen aus Naturstein, der dunkel lackierten Holztheke und den warmen Rottönen der Back Bar, von hinten beleuchtetes, in Stoff eingebettetes rotes Acryl und die Plastiksitze auf den 50er-Jahre-Stühlen machen die Bar nostalgisch und einladend.

Farben und Materialien erinnern an die Nachkriegszeit und den Anfang der 1960er Jahre („plastic-fantastic"). Altmodische Möbel in blassen Farben und Preßstrohplatten an den Wänden werden durch große Flächen kräftiger Farben belebt, wie den leuchtend roten Vinyl-Bänken und der himmelblauen Decke. Es gibt mehrere Lichtquellen – in die Wand eingelassene Lampen, Lichtleisten in den steinverkleideten Säulen und von hinten beleuchtete Acrylpaneele, die den Raum in verschiedene Rot- und Gelbtöne tauchen.

Tsuki-No-Ie

Kobe, Japan
Yasumichi Morita, 2000

Links:
Die japanischen Lampenschirme aus Hanf spenden diffuses Licht, das in den Bronzespiegeln im hinteren Barbereich reflektiert wird.

Oben links und rechts:
Wer die Treppe herunterkommt, wird von der großen kubischen Lampe zum Eingang gelenkt. Eine ähnliche Lichtinstallation befindet sich in den Toilettenräumen.

Diese Bar ist ein gutes Beispiel für Yasumichi Moritas Talent, winzige, unterirdisch liegende Räume durch den intelligenten Einsatz von Licht und Materialien aufzuwerten. Der Besitzer hat die Bar *Tsuki-No-Ie*, „Mondhaus", genannt, weil das Licht, das durch die Lampenschirme aus Hanf diffus wirkt, an Mondlicht erinnert.

Morita begann seine Laufbahn als Lichtdesigner und hält Licht für das wichtigste Element bei der Gestaltung eines Raums. Licht von oben setzt er nur ein, um Tischplatten zum Essen und Trinken zu beleuchten, nie um Atmosphäre zu schaffen. Laut Morita sind 60% der Gäste im *Tsuki-No-Ie* Frauen, und er möchte, „daß die Damen schön aussehen" – daher das weiche, gedämpfte Schimmern der Stehlampen und Hanf-Lichtboxen, die im bronzenen Spiegel im hinteren Barbereich widerscheinen.

Wenn man die Treppe herunterkommt, wird man von einem großen Lichtkubus zum Eingang gezogen, der sich im darunter liegenden Wasser spiegelt. Um den Innenraum optisch zu vergrößern, hat Morita eine, wie er sagt, „Phantomtiefe" geschaffen, indem er die Decke verspiegelt und die Wände mit Bronzespiegeln verkleidet hat, die zum Teil durch Bambusvorhänge verdeckt werden. Das *Tsuki-No-Ie* bestätigt wieder einmal die Vorliebe des Designers für den Einsatz traditioneller asiatischer Materialien in moderner Umgebung. Das Ergebnis ist ein durchgestyltes, schickes Ambiente, das dank des Lichts, der bronzenen Wände und der erdigen Struktur des Holzfußbodens und der Möbel viel Wärme ausstrahlt.

Antidote

Hong Kong
CPM Asia, 2000

Links:
Inspirationsquelle für das *Antidote* waren die weiche Beschaffenheit und die Formbarkeit von Marshmallows, daher die gepolsterten Wände und die geschwungenen Formen des Interieurs.

Rechts:
Die Clubsessel sind paarweise angeordnet. Zu jedem Paar gehört ein Tischchen mit einer besonderen Halterung für Champagnerkühler.

Das *Antidote* ist als Gegenpol zum schnellen Leben in Hong Kong gedacht. Simon Chim und John Law von CPM Asia hatten den Auftrag, eine Bar zu entwerfen, in die die Bürger vor dem Druck des Alltags flüchten können, einen Ort zum Entspannen, Erholen und Ausruhen. Die Kundin hatte ausdrücklich darum gebeten, einen Raum zu schaffen, der „überhaupt nicht Hong Kong" sei, unglaublich gemütlich und entspannt, aber auch luxuriös. Die Inspiration lag schließlich in der Weichheit und der Einfachheit eines Marshmallows – die geometrische Anordnung der Wandelemente findet ihren Gegenpol in den kurvenreichen Formen und bequemen Materialien in dem langen, rechteckigen Raum.

Law erklärt die beiden wichtigsten Grundsätze des Konzepts von CPM Asia: „Erstens wollten wir ein Interieur schaffen, das so minimalistisch wie möglich, aber nicht langweilig war, und zweitens wollten wir jegliche Farben vermeiden." (*Hong Kong I-Mail*, 28. Juli 2000). Das Resultat ist ein weißer und silberner, ausgeflippter und futuristischer Kokon mit gepolsterten Wänden, in den nur das Glasfaserlicht ein wenig Farbe bringt. Ähnlich wie im NASA in Kopenhagen fungiert die Inneneinrichtung als „weiße Leinwand", vor der die Gäste auftreten.

In einer ruhigen Allee im Stadtteil Central zeigt ein diskreter Zylinder das Logo des *Antidote*. Er ist diagonal durchgeschnitten und bildet so eine farbige Scheibe, die von oben beleuchtet wird. Passanten bemerken aber wahrscheinlich eher das auffällige, wellenförmige Yin-und-Yang-

Links:
Die stämmige weiße Sofabank schlängelt sich an einer Wand entlang und bildet Nischen, die wie überdimensionale Eileen-Gray-Stühle wirken.

Rechts:
Kreisrunde Löcher in der Decke werden von Neonlicht in wechselnden Farben erleuchtet, die das fast völlig weiße Interieur beleben.

Zeichen auf den Stufen am Eingang, das die Tür in zwei Hälften teilt und durch eine Glasscheibe den Blick ins Innere freigibt. Diese fließende Linie setzt sich im Innern auf dem rekonstruierten Marmorfußboden und den Details an der Decke fort, bis hin zu der langen, weißen Vinylbank entlang einer Wand. Das Arrangement ist einfach, aber gemütlich, ohne beengend zu wirken – die geschwungenen Linien machen den korridorartigen Raum weicher.

Aufgrund der geringen Deckenhöhe und um eine Lounge-Atmosphäre zu schaffen, sind die Sessel bewußt niedrig gehalten. Die stämmige Sofabank wirkt wie überdimensionale Eileen-Gray-Stühle, ihre Michelin-Männchen-Wülste bilden kuschelige Nischen für kleine Grüppchen. Andererseits fördern die fortlaufenden Sitzgelegenheiten auch Gespräche unter Fremden. Auf der gegenüberliegenden Seite stehen paarweise angeordnete Clubsessel aus weißem Vinyl und runde Tischchen mit einem Ring als Halterung für die weißen Champagnerkühler.

Um den Eindruck von Größe und Tiefe zu erwecken, spielten CPM Asia mit der Deckenhöhe. Die geschwungene Silberplatte über dem Sofa versteckt die Klimaanlage und läßt die andere Hälfte des Raums höher wirken. Die kreisrunden Löcher in der Gipsverkleidung überlisten das Auge – von der Tür zur Bar hin werden die Löcher immer kleiner, was den Raum durch die falsche Perspektive optisch vergrößert. Diese runden Kassetten werden vom Rand her in verschiedenen Neontönen erleuchtet, die den Raum mit wechselnden Farben durchfluten. Am anderen Ende des Raums steht die sanft geschwungene Bar. Sie besteht aus weißem und aluminiumfarbenem Laminat, das die verschiedenen Lichtfarben ebenso aufzusaugen scheint wie die weiße Marmortheke. Die dahinterliegende Schachbrett-Wand aus weißem und aluminiumfarbenem Laminat versteckt alle Flaschen und die Barausrüstung, so daß die elegante Schlichtheit des Raums gewahrt bleibt.

Lodi, Italien
Fabio Novembre, 1998

Bar Lodi

Links:
Der tunnelartige Eingang mit den abgerundeten Ecken zeigt eine monochrome, gekachelte Vergrößerung des Strichcodes von Novembres Buch *A Sud di Memphis*. Die konzentrischen schwarzen Linien umrahmen die dahinterliegende Bar.

Grundriß:
Der lange, schmale Barbereich endet auf der einen Seite an dem Strichcode-Eingang, auf der anderen im Sitzbereich, durch den man auch zu den Toiletten gelangt.

Rechts:
Die geschwungene Decke der Bar, die mit Mosaiksteinen in warmen Farben gekachelt ist, verdeckt die Technik, zum Beispiel die Klimaanlage.

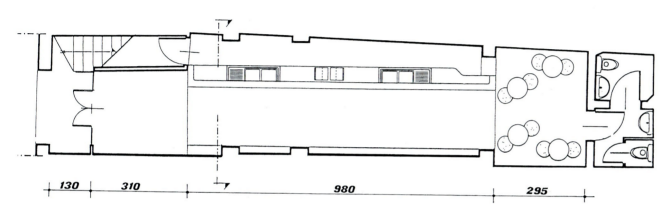

Die *Bar Lodi* ist zwar eine der einfachsten und kleinsten Kreationen von Fabio Novembre, beschäftigt sich aber mit den gleichen Themen und Motiven, die in seinen größeren Werken klarer zum Ausdruck kommen. Der tunnelartige Eingang mit den abgerundeten Ecken zeigt ein monochromes, gekacheltes Mosaik aus Opus-Romano-Mosaiksteinen von Bisazza, eine Vergrößerung des Strichcodes von Novembres Buch *A Sud di Memphis* (Idea Books, Mailand, 1995). Die konzentrischen schwarzen Linien umrahmen die dahinterliegende Bar, und zwei Lichtspots auf dem Boden lenken den Blick ins Innere, wie auf einer Startbahn oder auf dem Laufsteg. Das fluoreszierende Licht unter der Theke links und die Spiegelung des versteckten Lichts rechts oben betonen diese dynamische Perspektive.

Die Gestaltung des Raums erwies sich als problematisch, Novembre erklärt: „Das Hauptproblem war der lange, schmale Raum. Ich wollte ihn öffnen, durch Reflexionseffekte aufbrechen." Schließlich verspiegelte er eine lange Wand komplett und verlieh dem Raum durch die Spiegelung der tunnelartigen Bar gegenüber mehr Tiefe. Die Front der Bar und die bogenförmige Decke bestehen aus gegossenen Gipsplatten; sie sind mit Vetricolour-Mosaiksteinen von Bisazza in warmen Kupfer-, Gold- und Brauntönen gefliest. Der schwarzweiße Strichcode wiederholt sich im hinteren Teil in der kleinen Sitzecke mit Tischen von Amat und Hockern des Designers Carlo Mollino.

Für die Leuchtfiguren wurde das Silber von den Spiegeln abgekratzt, und sie wurden von hinten fluoreszierend beleuchtet. Novembre dazu: „Dies sorgt nicht nur für Beleuchtung, sondern vermittelt außerdem, auch wenn die Bar leer ist, den Eindruck, es seien Gäste dort." Die perfekt zu den Spiegelfiguren passenden Schatten auf dem Boden bestehen aus schwarzen Mosaiksteinen. Die Umrisse stammen von Fotos, die Richard Avedon 1969 von Mitgliedern von Andy Warhols *Factory* in New York gemacht hatte. Es ist vielleicht kein Zufall, daß Novembre diesen Dialog mit Warhol wählte, einem Künstler, der sich ebenfalls mit der Sterblichkeit auseinandersetzte und von dem der Ausspruch stammt, daß wir alle „eine Viertelstunde lang berühmt sind".

In der *Bar Lodi* kann man tatsächlich das Gefühl haben, sie sei voll, wenn sie doch leer ist – voll von Novembres Besessenheit vom Leben, der Energie und der Architektur. Der Zeitschrift *Frame* (Nr. 9, 1999) sagte er: „Architektur ist das letzte Medium, das sich zu der Tatsache bekennt, daß wir alle aus Fleisch und Blut bestehen, daß am Ende nur noch wir übrig sind, und daß wir von Greifbarem umgeben sind, von Menschen, die wir nicht anfassen, umarmen und mit ins Bett nehmen können."

Die gespenstischen weißen, erleuchteten Umrisse stammen von Fotos, die Richard Avedon 1969 von Mitgliedern von Andy Warhols *Factory* in New York gemacht hat. Ihre Schatten auf dem Boden bestehen aus schwarzen Mosaiksteinen.

The Red Sea Star

Eilat, Israel
Aqua Creations, 1999

Links:
Die Barhocker treiben wie grellbunte Quallen durch den Raum – gepunktete Sitzflächen auf metallenen Tentakeln – und an der Decke schützt ein Seestern „Starlight" die Gäste vor direkter Beleuchtung.

Oben:
Zwischen seltsam geformten Kieselsteinen aus schallisolierendem Schaum hängen „Coral"-Lampen aus Seide und Metall wie Anemonen unter der Decke.

Das *Red Sea Star* Restaurant mit Bar liegt unter Wasser und ist nicht von dieser Welt. Über dem Meeresspiegel ist nur der Stahlsteg zu sehen, der zu einer Station etwa 90 Meter vom Land entfernt führt. 6 Meter darunter liegt inmitten von Korallen und Wasserfauna das *Red Sea Star* mit einer Inneneinrichtung, die das Leben draußen vor den Fenstern nachbildet. Das Mini-Atlantis ist komplett neu gebaut worden und ist Teil eines größeren Projekts des Architekten Josef Kiriaty in Eilat in Israel. Es wurde im Januar 1999 von Ayala Serfaty und ihrer Tel Aviver Firma Aqua Creations fertiggestellt. Serfatys Ziel war „die Balance zwischen den Erfahrungen des schwerelosen Schwebens im Wasser und dem Gefühl der Stabilität, wenn man an Land in Sicherheit ist."

Zwei Aufzüge führen in die Bar: einer für Gäste, der andere für Speisen – Küchen und Toiletten liegen über dem Meeresspiegel. Zum Restaurant gehören drei Speiseräume mit insgesamt 100 Sitzplätzen, die vom zentralen Bereich aus abzweigen. Die Bar liegt in einem vierten Flügel hinter dem Restaurant. Sämtliche Räume befinden sich unter Wasser, wie ein gesunkenes U-Boot, und durch 62 Fenster erlebt man die Unterwasserwelt mit. Die gewölbten Glasscheiben verbreiten blaues Licht, aber die korallenroten Tischplatten und ähnlich gefärbte Beleuchtung heben das Interieur aus dem Blau heraus. Serfaty dazu: „Das Blau habe ich durch warme Licht- und Möbelfarben ausgeglichen – insgesamt ist das Farbbild jetzt sehr rund und harmonisch."

Links:
Auf dem Fußboden „Wet Sea Sand" aus Epoxidharz entstehen schmeichelnde Reflexionen der darüberliegenden Meeresbilder.

Oben links:
Über dem Meeresspiegel ist nur der stählerne Steg zu sehen, der 90 Meter weit zur Station hinausführt.

Oben rechts:
Sämtliche Räumlichkeiten liegen unter Wasser, wie ein gesunkenes U-Boot. Durch 62 Fenster erleben die Gäste die Unterwasserwelt mit.

Das gesamte Mobiliar und die Beleuchtung wurden, mit Ausnahme der Stühle im Restaurant, von Aqua Creations produziert und demonstrieren den für sie typischen Stil der „organischen Ästhetik". Serfaty ist ausgebildete Bildhauerin und behandelt jedes Objekt wie eine Skulptur. Sie sagt: „Für mich ist es wichtig, daß ein Werk Wärme ausstrahlt. Ich stelle mir Objekte vor, die einen freundlich begrüßen, wenn man nach Hause kommt." Im Red Sea Star scheinen diese Objekte Lebensformen aus dem Meer zu sein – die Lampen „Coral" aus mit Seide umspanntem Metall hängen unter der Decke wie Anemonen zwischen flachen Kieselsteinen (aus schallisolierendem Schaum, der mit Filz überzogen ist), und verschiedene Varianten von Serfatys „Margarita"-Tischen scheinen wie Blumen aus dem Boden zu wachsen.

Das Interieur wirkt wie aus einem Comic – es gibt keine einzige gerade Linie. Die Fensterrahmen sind geschwungen, Stützpfeiler sind unter seidenbespannten Metallgestellen versteckt, die sich nach oben recken wie Wasserpflanzen. Die seltsamen „Starlights", fragile Seesterne aus Seide und Metall, die als Schutz vor direkter Beleuchtung unter der Decke hängen, verleihen dem Ambiente etwas Abenteuerliches. Die Barhocker treiben mit ihren getupften Polstersitzen auf metallenen Tentakeln wie grellbunte Quallen durch den Raum. Korallenrote Wände trennen die Speiseräume ab und Muscheloberflächen machen die Kanten, Ecken und Winkel weicher, wo Beistelltische oder Bartheken an die Wand stoßen. Der Muschel-Effekt wurde dadurch erzielt, daß von Hand kleine Muscheln einzeln in die Oberfläche aus Harz und Sägemehl gedrückt wurden. Für den magischen Touch sorgen jedoch der Fußboden „Wet Sea Sand" und die schimmernden Tischplatten. Die Oberflächen aus Epoxidharz schaffen durch die Reflexion des tiefen Meeresblaus organische, schmeichelnde Formen – auf dem Boden unter den Füßen der Gäste kräuseln sich Bilder des Lebens im Meer und schaffen unter Wasser die Illusion, man ginge auf dem Wasser.

Bar Lounge 808

Berlin, Deutschland
Plajer & Franz Studio, 2000

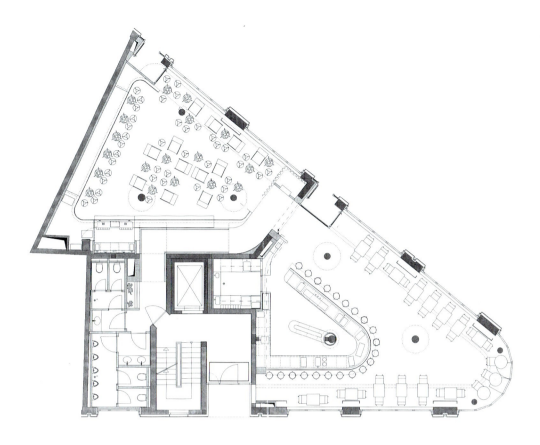

Links:
Die U-förmige Bar ist das wichtigste Element in der hellen, silbrigen Cafébar. Sie wiederholt den keilförmigen Grundriß des Raums.

Grundriß:
Die dreieckige Grundfläche ist in zwei Bereiche aufgeteilt – vorne eine Cafébar, die ab mittags geöffnet ist, und hinten eine kleinere Cocktail-Lounge, der Chestnut Room.

Die *Bar Lounge 808* liegt in Berlin Mitte, dem Stadtteil, der sich nach der Wiedervereinigung sehr schnell mit einer interessanten Mischung aus Galerien, Designer-Boutiquen, Delikatessenläden, Bars, Cafés und Restaurants füllte. Die meisten Einrichtungen entstanden mit kleinem Budget und wurden von ihren Besitzern selbst gestaltet. Jedenfalls, bis die elegante *Bar Lounge 808* ihre Pforten öffnete. Der Amerikaner Bob Young beauftragte Alexander Plajer und Werner Franz, „eine Bar/Lounge im Stil der 1960er Jahre zu entwerfen, die eine Ära in Erinnerung bringt, in der man sich zum Ausgehen schick machte, in der Männer an glänzenden, langen Theken Martinis herunterkippten und Frauen auf niedrigen Sofas, die ihre Beine gut zur Geltung brachten, Manhattans nippten". Wie viele moderne, durchgestylte Cocktail Lounges sollte auch die *Bar Lounge 808* vor allem Professionals aus den Bereichen Mode, Kunst, Entertainment und dot.com-Unternehmen sowie die Ex-Clubbing-Generation in den Dreißigern ansprechen.

Bei der Ausführung ihres Auftrags konzentrierten Plajer & Franz sich auf die natürliche Eleganz des Designs der 1960er Jahre und nicht auf die kitschige, psychedelische Ästhetik dieser Zeit. Plajer dazu: „Es war natürlich eine Zeit, in der mit Hilfe wunderschöner, bearbeiteter Hölzer und filigraner Metallgestelle ein Eindruck von Leichtigkeit und Heiterkeit erweckt wurde. Sie war von einer zarten Eleganz, die viel Gemütlichkeit und Helligkeit ausstrahlt." Nicht, daß der Raum nicht hell genug gewesen wäre – die *Bar Lounge 808* liegt in einem keilförmigen Eckgebäude mit einer 40 Meter langen Glasfront vom Boden bis zur Decke. Tatsächlich war der Innenraum zu „offen" und zu exponiert, so daß die Fenster mit hauchfeinen, durchsichtigen Vorhängen verhängt wurden. Sie führen in Versuchung, wecken Neugier bei Passanten und geben Gästen das Gefühl, der Stadt draußen entflohen zu sein und doch mit ihr in Kontakt zu bleiben. Im Sommer werden die Vorhänge beiseite gezogen und in hölzernen Nischen untergebracht (die hinter der Holzvertäfelung versteckt sind), und die Fenster werden geöffnet, so daß Tische und Stühle sich auf den Bürgersteig ergießen und eine improvisierte Terrasse bilden können.

Der dreieckige Raum wurde in zwei Bereiche aufgeteilt – vorne befindet sich eine Cafébar, die bereits mittags öffnet, und im hinteren Teil eine Cocktail Lounge für abends, der sogenannte Chestnut Room. Die beiden Räume sind zwar sehr unterschiedlich – die Lounge ist geschlossener und in goldene Farbtöne getaucht, die Cafébar dagegen ist silbriger und heller –, werden aber durch die Holzvertäfelung thematisch zusammengehalten. Das geometrische Design ist von den Steinreliefs der 1960er Jahre inspiriert, besteht aber aus gesandstrahlter Lärche. Plajer & Franz erklären: „Wir wollten die Struktur der harten Jahresringe erhalten, aber wir konnten nicht riskieren, daß Damen sich an der Bar Laufmaschen in ihre Strümpfe reißen. Das war eine der größten Herausforderungen: wie können wir das Holz so behandeln, daß niemand die Bar mit einem Splitter im Finger verläßt?" Schließlich wurde es mit Wachs behandelt, so daß es weich und angenehm zu berühren ist und die natürliche Wärme und die „samtige Qualität" des

Rechts:
Die Bar wird von einer gesandstrahlten Lärchenvertäfelung umrahmt, deren geometrisches Muster den Steinreliefs der 1960er Jahre nachempfunden ist.

Vorige Seiten:
Diffuses Licht taucht die abendliche Cocktail-Lounge, den Chestnut Room, in sonnige Wärme. Das Holz und die goldenen Farbtöne verstärken die Wirkung.

Skizze:
Diese frühe Skizze zeigt den Chestnut Room mit niedrigen Loungesesseln und dem an die Bar angrenzenden Aquarium.

Holzes erhalten blieb. Auch der dunkle, geölte Eichenboden schafft eine Verbindung zwischen den Räumen.

Die 20 Meter lange, U-förmige Bar ist das wichtigste Element der Cafébar. Sie ahmt den keilförmigen Grundriß des Raums nach und wird von opaken Hängelampen und von einem ebenfalls U-förmigen Ring indirekten Lichts aus dem Deckenpaneel erleuchtet. Ein breites Edelstahlband läuft oben um die Theke herum, die genauso wie die Tische mit kleinen gläsernen Mosaiksteinen in Goldbraun und Bronze belegt ist. Das Mobiliar steht mit Ausnahme der Barhocker entlang der Außenwände des Raums an den Fenstern. Sämtliche Möbelgestelle sind silbern pulverbeschichtet und passen zu dem metallischen Thema, das seinen Höhepunkt in der Lacktapete an den Stützpfeilern findet.

Der Chestnut Room wirkt weitaus üppiger. Diffuses Licht sorgt für Wärme, und die hölzernen und metallischen Farbtöne reflektieren und intensivieren diesen Effekt. Ebenso wie in der Bar sind auch hier die Gestelle der Möbel pulverbeschichtet, aber in Gold. Die ungewöhnlichen „Blasen"-Tischplatten bestehen aus klarlackierten, zusammengeschweißten Messingscheiben. Der entspannende Blickfang ist ein 2,5 Tonnen schweres und 5 Meter langes Aquarium, das in die Wandvertäfelung integriert ist und die schmale Bar-Durchreiche optisch fortsetzt. Gäste können auf dem Weg vom Café zur Toilette durch das erleuchtete Becken einen Blick in die Lounge werfen.

Auckland, Neuseeland
Issenbel Architects, 1998

Crow Bar

Links:
Eine blubbernde, blau leuchtende Wasserwand trennt den Eingangskorridor von den Loungebereichen.

Rechts:
Das schmale Untergeschoß wurde durch die fortlaufenden gepolsterten Sitzbänke einladender gemacht.

Oben:
Das bei weitem verblüffendste Element ist die nackte Steinwand, die in frischem Gelb angestrahlt wird.

Obwohl die Architekten, die für die Renovierung der *Crow Bar* zuständig waren, die Absicht hatten, ein Interieur mit „zeitloser Ästhetik" zu entwerfen, gibt es doch keinen Zweifel, daß diese Late Night Lounge Bar zumindest theoretisch in der Gegenwart verankert ist. Zum einen werden in letzter Zeit wieder verstärkt natürliche, haltbare Materialien wie Leder, Stein und Holz eingesetzt, und zum anderen erlebt die Cocktail-Lounge-Kultur ein Revival als glamouröse Alternative zu Kneipen und Clubs. In allen großen Städten der Welt – New York, London, Sydney, Tokio, etc. – steigt die Nachfrage nach Martinis und Mojitos, und so auch in Auckland in Neuseeland.

Die *Crow Bar* war früher ein Nachtclub mit zweifelhaftem Ruf, der angeblich aufgrund von Drogengeschäften im Gebäude geschlossen wurde. Der neue Besitzer hat die Räumlichkeiten als Lounge Bar mit luxuriösen Ledernischen und viel Holz wiederbelebt, ein elegantes Ambiente für Cocktails und Zigarren. Die Getränkeliste zollt sogar den legendären New Yorker Bars *Stork Club* und *Rainbow Rooms* flüssigen Tribut, die als erste überhaupt Cocktails anboten. Sarah Shand von Issenbel Architects sollte das lange, schmale Untergeschoß, das sie als „dunklen, schmuddeligen Betonbunker mitten in Downtown Auckland... ohne jegliche Raumaufteilung" beschreibt, zu einem warmen, einladenden Raum machen. Und so schlängelt sich nun eine Sitzbank an der einen Seite entlang und bildet stämmige, gerippte Nischen vor dem Hintergrund einer stark gemaserten Holzvertäfelung.

Das dramatischste Element ist die nackte Steinwand. Sie wird von strahlend gelben Spots angeleuchtet (wasserdichte Halogenstrahler mit farbigen Diffusern), die in ein Sims eingelassen sind. Die rauhe Beschaffenheit der Wand kontrastiert stark mit den gedämpften Tönen der Ledermöbel. Zusätzliche Sitzplätze bieten rote italienische Lederstühle und cremefarbene Ledersessel zu beiden Seiten der schmalen, freitragenden Getränketischchen, die wirken, als seien sie zusammenklappbar. Auch die Beleuchtung wird theatralisch eingesetzt, zum Beispiel am Eingang der Bar, wo eine Wand aus blubberndem Wasser leuchtend blaues Licht verströmt und als Trennung zwischen dem Eingangskorridor und dem Loungebereich fungiert.

Die eigentliche Bar liegt am anderen Ende des Raums, gegenüber den Sitznischen. Im oberen Stockwerk gibt es eine weitere Bar, die nur über die untere Bar zu erreichen ist. Wie viele unterirdisch liegende Lokale hat auch die *Crow Bar* keine große Leuchtreklame vor der Tür, sondern nur eine gravierte Platte im Boden am Eingang. Wenn Sie sich also unter Aucklands Partylöwen und Nachteulen mischen möchten, achten Sie auf den Fußboden.

Hong Kong
Nu Nu Luan, 1999

Brown

Links:
Metallische Seidenstoffe bilden die weiche Decke in der Cigar Library. Wenn sie von oben beleuchtet werden, wirkt es, als ob die Sonne durchscheine.

Rechts:
Die Theke besteht aus unterschiedlichen Holzschichten, wie die Sedimentschichten in einer Felswand.

In den 1990er Jahren gab es eine kurze Rückbesinnung auf das Zuhause – für viele junge Leute war offensichtlich das Zuhausebleiben die neue Art des Ausgehens. Die Konsequenz daraus war für das Bar- und Restaurantdesign eine neue Lounge-Ästhetik mit gemütlicherem Ambiente, ganz anders als die großartigen Superkreationen der 80er Jahre. Viele solcher Lounges finden sich in dichtbesiedelten Städten wie New York, wo die Wohnungen klein sind. Das *Brown*, das 1999 eröffnete, ist ein Paradebeispiel für diesen Trend – ein lokaler Treffpunkt in Happy Valley, einem ruhigen, grünen Stadtteil in einer der quirligsten Städte der Welt: Hong Kong. Das *Brown* liegt in der Nachbarschaft der Architektin Nu Nu Luan.

In dem Versuch, ein Zuhause nachzuempfinden, teilen Designer kommerzielle Innenräume oft in unterschiedliche Bereiche auf. Das *Brown* ist da keine Ausnahme. Es gibt drei verschiedene Bereiche – Restaurant, Lounge und Gartenveranda. Die Räumlichkeiten sind für verschiedene Zwecke geeignet, aber trotzdem behaglich. Luan hat sich von ihrer Leidenschaft für Whiskey inspirieren lassen, die schnell zu einem Adjektiv wurde: „Shall we go brown tonight?" war eine beliebte Frage bei ihr und ihren Freunden. Die Produktpalette des *Brown* faßt diese Liebe noch weiter und bietet vor allem Dinge, die aus der Erde kommen, wie in Holzfässern gereifte Single Malt Whiskeys, Kaffee und Zigarren.

Luan wählte warme, „erdige" Naturmaterialien für die gemütliche, heimelige Ausstattung. Schiefer und Holzfußböden, Wildledermöbel und viel Holz, darunter amerikanische Walnuß und das in den 1990er Jahren beliebte afrikanische Wengéholz. Die Bar besteht aus verschiedenfarbigen Hölzern, wie eine Felswand aus unterschiedlichen Sedimentschichten. Die Theke selbst ist in Leder eingeschlagen und mit einer Glasplatte bedeckt. In der Cigar Library mit eingebautem Luftbefeuchter bilden weiche Seidenstoffe die Decke. Wenn sie von oben beleuchtet werden und das Licht durch den Stoff fällt, liegt ein warmer, kupferfarbener Schimmer über der Lounge.

Das Mobiliar wurde möglichst flexibel gehalten – die Bänke lassen sich an die Wand klappen, Sofas sind aus Modulen zusammengesetzt und Hocker können auch als Couchtische verwendet werden. Das *Brown* wirkt sehr in das Stadtviertel eingebettet. In Spiegeln kann man die Straße sehen, und im Sommer werden die Glastüren vorne geöffnet und der Bürgersteig wird zum Straßencafé. Eine ruhigere Alternative dazu ist der Hof mit Zypressen und Teakmöbeln. „Going brown" ist inzwischen so beliebt, daß es jetzt ein zweites *Brown* im Stadtteil Mid-Levels gibt.

rumjungle

Las Vegas, USA
Jeffrey Beers International, 1999

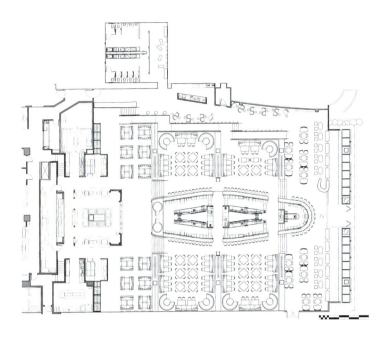

Das *rumjungle* ist mit seinen tropischen Farben und Materialien eine Augenweide. Es gibt dort, wie im Regenwald, eine ungeheure Fülle von Formen und Umrissen, die die Gäste locken und verlocken. Es liegt auf einer Fläche von 2320 m² im Hotel-Casino *Mandalay Bay* in Las Vegas und eröffnete im März 1999, nachdem Jeffrey Beers International fünf Monate lang daran gearbeitet hatten. Die Designer erklären das Dschungelthema: „Wir wollten ein Restaurant/einen Nightclub für äquatoriale Spezialitäten und Musik entwerfen. Das *rumjungle* soll die mystische Tiefe des Dschungels veranschaulichen… eine abgestufte Landschaft, fließendes Wasser, flackerndes Feuer und ein Tempel für die Götter."

Das Designkonzept des *rumjungle* ist gut durchdacht. In dem schlichten Entwurf bildet die Mountain of Rum Bar den Mittelpunkt und ist umgeben vom Restaurant. Dennoch ist der rechteckige Raum sehr sorgfältig mit unterschiedlichen Themen und Motiven ausgestattet, die zur Dschungelästhetik beitragen. Die drei Teile bewegen sich von Kalt nach Heiß und steigen räumlich immer weiter hoch – entweder über einen sanften Anstieg oder über Stufen. Diese „Landschaften", die sich an einer zentralen Achse entlang orientieren, sind die Fire/Water Pylon Wall, der Mountain of Rum und ganz hinten die Schauküche.

Die Fire/Water Pylon Wall, die stahlumrahmte Fassade, ist spektakulär. Die Beton- und Gipsplatten sehen aus wie die riesigen Steinblöcke eines alten Tempels, und durch die verglasten Ritzen dringt flackerndes Licht aus 160 Lampen.

Links:
Die Mountain of Rum Bar ist das Kernstück. Um die Bar aus Acryl herum stehen trommelförmige, lederbespannte Hocker aus balinesischem Holz.

Grundriß:
Das *rumjungle* erstreckt sich über drei abgestufte Ebenen und orientiert sich optisch an einer zentralen Achse entlang bis zum Höhepunkt: der Schauküche.

Zu beiden Seiten des Eingangs brennt ein Feuer in Stahlvitrinen mit der Aufschrift „rumjungle". Die geöffnete Tür umrahmt die dahinter liegende Mountain of Rum Bar. Sie ist üppig mit Laub dekoriert und von einem steinernen Masttop gekrönt und befindet sich genau in der Mitte des Raums, wie ein Opferaltar oder ein Ehrenmal. Erst im Innern eröffnet sich der Blick auf die Rückseite der Feuerwand: eine Glaswand vom Boden bis zur Decke, an der Wasser herunterläuft. Das Element wiederholt sich im Restaurant.

Die Mountain of Rum Bar ist das erste, was ins Auge fällt und der zentrale Punkt des *rumjungle*. Sie besteht, fast wörtlich, aus einem Berg Rum – 5000 Flaschen sind bis zur pfefferroten Decke hin aufgestapelt. Um die geschwungene Bar herum stehen trommelförmige, ledergepolsterte Barhocker aus balinesischem Holz. Dieser Bereich wirkt exotisch und erdverbunden, mit einfachen Holzmöbeln, bronzenen Tischen, einem Terrazzo- und Onyx-Boden, der an Tierfelle erinnert und tropischen Früchten und Farnen.

Die nächste Ebene ist das Restaurant um die Mountain of Rum Bar herum. Wasserwände teilen das Restaurant in vier etwas intimere Speisebereiche. Die opaken Schirme lockern den Raum auf und sorgen für schönes Licht. In jedem Bereich hängt ein eigens angefertigter „Regen-Kronleuchter" aus kleinen Aluminiumröhrchen an Drähten. Diese zylindrischen Mobiles setzen das Wasserthema fort: die Röhrchen reflektieren das Glasfaserlicht im Kronleuchter, ähnlich wie Regentropfen das Sonnenlicht. Hinter dem Restaurant kehrt das Design mit der Schauküche zum Feuerthema zurück, einem quadratischen Raum, der mit roten Metallplatten verkleidet ist und an ein Inferno oder einen Feuertempel erinnert. Ein Paar riesiger, schwarzweiß gestreifter Congas, die hydraulisch auf- und abbewegt werden können, markiert den Übergang vom Mountain of Rum zur Schauküche. Gäste können dem tropischen Klima auf den Toiletten entfliehen, wo Glasfaserleuchten in der gewölbten Decke wie Sterne am Nachthimmel funkeln.

Rechts:
Wasserwände teilen das Restaurant in vier Bereiche mit jeweils einem „Regen-Kronleuchter".

Oben:
Die Beton- und Gipsplatten auf der stahlumrahmten Fassade wirken wie die riesigen Steinblöcke eines alten Tempels.

The Brasserie
Seagram Building

New York, USA
Diller + Scofidio, 2000

Die *Brasserie* im Untergeschoß verströmt dank der diffusen Beleuchtung, der klassischen weißen 1950er-Jahre-Stühle, der Transparenz der Back Bar und der blaßgrünen Kunstharz-Tischplatten eine gewisse Lässigkeit.

Die *Brasserie* liegt tief unten im Untergeschoß des Seagram Building, Mies van der Rohes klassischem, 38 Stockwerke hohen, goldenen und gläsernen Bürohaus mitten in Manhattan. Das Architekturbüro Diller + Scofidio sollte den Raum neu gestalten, nachdem ein Brand 1995 Philip Johnsons ursprüngliche Restauranteinrichtung von 1959 zerstört hatte. Wie Diller + Scofidio selbst sagen, war „der Gedanke, eines der legendären Restaurants von New York in einem der herausragendsten modernistischen Gebäude der Welt neu zu gestalten, ebenso verlockend wie erschreckend."

Obwohl sie vorher noch nie ein Restaurant entworfen hatten, fangen Diller + Scofidio ganz prägnant den sozialen, theatralischen und glamourösen Geist des modernen Ausgehens in einer Weltstadt ein. Die vorhandene Betonhülle ist mit neuen Schichten versehen worden. Die Vertäfelung aus Birnbaumholz zieht sich von der Decke herunter um den Restaurantbereich herum, geht am Ende in Sitzgelegenheiten über und versteckt die Beleuchtung. Jede Birnbaumschicht überdeckt die vorherige, streut das Licht aus den Spots in der darunterliegenden Schicht und erhellt damit das Naturholz. Die Transparenz der blaßgrünen Kunstharz-Tischplatten, die klassischen, weißen 50er-Jahre-Stühle und die Bar lockern die massive Holzvertäfelung und die gedrungenen Sitzecken – große, L-förmige grüne Lederpolster – auf.

Als absolute Neuerung spielt die Champagnerbar eine wichtige Rolle in der *Brasserie*. Projektleiter Charles Renfro

Links:
Mit Hilfe ungewöhnlicher Materialien wurden einzigartige Effekte erzielt: In der beleuchteten Back Bar aus Panelite erscheinen die Weinflaschen verschwommen und zweidimensional, die Sitzflächen der Barhocker sind mit einem medizinischen Gel gefüllt, das sich der Körpertemperatur anpaßt.

Rechts:
Das Design spielt mit dem Wunsch nach einem theatralischen Auftritt – von den LCD-Monitoren über der Bar, die die ankommenden Gäste zeigen, bis hin zur laufstegartigen Treppe, die in die Mitte des Raumes führt.

erklärt: „Man kann an der Champagnerbar trinken oder essen und sie fungiert als Dreh- und Angelpunkt zwischen den beiden Sälen des Restaurants." Der größte Teil der neun Meter langen Bar, die sich an einer Wand des Hauptsaals entlang erstreckt, wird in der üblichen Weise von einem Barkeeper bedient, wobei die steinerne Deckplatte freitragend ist und zum Teil über die Öffnung zwischen den beiden Restaurantsälen reicht. Dadurch kann man im Hauptsaal auf einem Barhocker seinem Begleiter oder seiner Begleiterin auf der Seite des Barkeepers gegenüber sitzen, und darüber hinaus entsteht dadurch eine weitere Reihe von Sitzplätzen im zweiten Raum an einer schmaleren Theke gegenüber dem Restaurantbereich. Auf diese Weise wird der Übergang zu einem eigenen Treffpunkt, an dem man sehen und gesehen werden kann. Die Bar endet mit einer in sie eingelassenen „Vase" aus gedrehtem Aluminium, die bis zum Boden reicht und stets eine passende skulpturale Blumendekoration enthält.

Die *Brasserie* wird von einigen besonderen Elementen geprägt. Diller + Scofidios Design beschäftigt sich sehr mit dem theatralischen Aspekt des Ausgehens, und besonders mit dem Drama des richtigen „Auftritts". Eine sensorgesteuerte Videokamera fotografiert jeden neuen Gast, der durch die Drehtür an die Rezeption kommt. Diese Bilder werden auf LCD-Monitore über der Bar übertragen. Jeweils 15 Gäste sind chronologisch in einer Reihe zu sehen, wobei jeder Neuankömmling die anderen um einen Platz nach rechts verschiebt, bis man schließlich ganz verschwindet. Renfro erklärt: „Das hat alle möglichen voyeuristischen Konnotationen; es ist praktisch, wenn man auf jemanden wartet oder wenn man jemanden nicht treffen möchte."

Der dramatische Auftritt geht aber noch weiter. Die Gäste betreten das Restaurant durch eine Tür in der Birnbaumwand und steigen eine laufstegartige Treppe mit gläsernem Geländer hinab, die genau in die Mitte des Raumes führt. Abgesehen von den Gästen, die gerade ankommen oder den Saal verlassen, ist die leuchtende Back Bar das beeindruckendste Element des Restaurantbereichs – die ausgestellten Weinflaschen scheinen zu schweben. Die Back Bar besteht aus sogenanntem Panelite, gewellten Waben aus Aluminium mit durchscheinender Verkleidung, und geätzten Glastüren. Von hinten beleuchtet erscheinen die Flaschen im Inneren verschwommen und zweidimensional – so, wie die Dinge manchmal aussehen, wenn man zu viel getrunken hat.

Die geschwungenen Sitze der Barhocker bestehen aus einem honigartigen medizinischen Gel aus Italien und haben Edelstahlfüße von Diller + Scofidio. Das Gel hat die besondere thermische Eigenschaft, sich immer der Körpertemperatur anzupassen. Der große Auftritt gelingt in der *Brasserie* also mühelos – der Abgang ist bei solch einer Bar weitaus schwieriger.

The Corinthian

Glasgow, Schottland
United Designers, 1999

Links:
Die Main Bar liegt in der Schalterhalle der ehemaligen viktorianischen Bank. Bei der Renovierung wurden die Eichenschalter originalgetreu restauriert.

Rechts:
Der Glanz der 1930er Jahre wurde in den beiden gemütlichen Cocktail-Lounge-Bars in den ehemaligen Büros des Staatsanwalts und der Gerichtsangestellten wieder zum Leben erweckt.

Das Londoner Team United Designers ist für seine „moderne Klassik" bekannt – eine formale Ästhetik mit einfachen, klaren Linien unter Verwendung traditioneller Materialien wie Leder, Marmor und Holz. Das *Corinthian* im aufstrebenden Glasgower Stadtteil Merchant City wurde 1999 fertiggestellt und demonstriert auf bemerkenswerte Weise die Fähigkeit des Teams, ein Interieur aus dem 19. Jahrhundert gleichzeitig zu restaurieren und zu modernisieren. Darüber hinaus steht es für einen nationalen Trend – durch die Fusionen von Finanzunternehmen und die Zentralisierung des Bankensystems stehen viele ehemalige Bankgebäude leer. Diese oft viktorianischen, großen Gebäude werden immer häufiger zu Restaurants und Bars umgestaltet.

Das Haus, das unter Denkmalschutz steht, hieß ursprünglich Lanarkshire House und wurde 1852 von David Hamilton gebaut. Darin war zunächst die Glasgow Ship Bank untergebracht und später die Union Bank of Scotland. Obwohl es bereits als Wahrzeichen des Viktorianismus galt, wurde es 1876 von James Burnett umgebaut, und in den folgenden 30 Jahren fügten renommierte Architekten und Künstler verschiedene klassische Skulpturen und Elemente hinzu, darunter die spektakuläre, acht Meter große Glaskuppel von James Salmon. 1929 wurden die Innenräume geteilt und beherbergten nun den obersten Gerichtshof der Stadt. Viele der viktorianischen Originalelemente, darunter die Kuppel und kunstvolle Kranzgesimse, wurden hinter falschen Wänden und Decken versteckt. Phase eins der Verwandlung dieser leeren Hülle in das *Corinthian*, ein Mehrzweckgebäude mit Freizeit- und Geschäftsräumen, begann 1998.

Alle falschen und unpassenden Elemente wurden entfernt, und es wurden umfangreiche Renovierungen vorgenommen. Der Architekturhistoriker George Fairful Smith entdeckte eine Fotografie der Schalterhalle von 1855, der heutigen Main Bar, die als Vorlage bei der Wiederherstellung der einstigen Pracht diente. Vergoldete Details an den Wänden wurden gewissenhaft restauriert, in Italien wurden exklusive Kronleuchter mit einem Gewicht von je 4,5 Tonnen nachgebaut und die vier Figurinen, die Europa, Asien, Amerika und Afrika repräsentieren – Schottlands Handelspartner zur Zeit des britischen Empire – wurden rekonstruiert.

Unter der überwältigenden Decke mit der kunstvollen Glaskuppel haben United Designers die Eichenschalter wiederhergestellt, die heute als intime Trink- und Eßecken im neuen *Corinthian* fungieren. Die Eichenvertäfelung und der Parkettboden sind neu, passen aber genau zum Originalcharakter des Interieurs. Obwohl in die Main Bar sehr viel Tageslicht fällt, wurde der Flexibilität wegen ein ausgeklügeltes Lichtsystem installiert. Versteckte, einzeln zu dimmende weiße und blaue Neonlampen mit niedriger Wattzahl sind auf drei Ebenen bis zur Kuppel hinauf gestaffelt. Das blaue Neonlicht verströmt abends einen ruhigen, atmosphärischen Farbton über der Main Bar und läßt die Kuppel von außen seltsam leuchten.

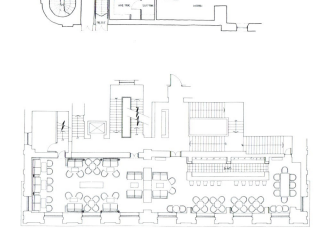

Oben links:
United Designers entwarfen den römisch anmutenden Schriftzug für den Haupteingang.

Oben rechts:
Im *Corinthian* wurden üppige, luxuriöse Materialien und Farben eingesetzt, und bequeme Möbel spielen eine wichtige Rolle.

Zusätzlich zur Main Bar gibt es noch zwei kleinere Bars – die Cocktail Bar und die Piano Bar – in den ehemaligen Büros des Staatsanwalts und der Angestellten des Gerichts. Üppige, luxuriöse Materialien und Farben wurden eingesetzt, die den Glanz der 1930er Jahre zu neuem Leben erwecken. An den großen Fenstern über den Straßen von Glasgow hängen grün-goldene Seidenvorhänge, hinter die die Gäste sich zurückziehen können. Gemütlichkeit ist das Wichtigste – Sofas, Clubsessel und die Vorderseite der Bar sind mit rotem Leder gepolstert, und das Licht der riesigen Stehlampen ist sanft und gedämpft. Die zeitgenössischen Linien des Mobiliars und Details wie die indirekte Beleuchtung hinter den großen, diamantförmigen Spiegeln, die den Raum optisch vergrößern, setzen ein modisches I-Tüpfelchen auf das klassische Ambiente mit der Eichenvertäfelung, dem Parkettboden und den dunklen Farben und üppigen Materialien.

In der zweiten Phase wurden ein Restaurant neben der Main Bar im Erdgeschoß, zwei Nightclubs im Untergeschoß – Life und Q – in den ehemaligen Gefängniszellen und in den Obergeschossen ein Speisesaal für Privatveranstaltungen, eine Bar für Mitglieder und verschiedene Konferenzräume eingerichtet. Das *Corinthian* richtet sich an Professionals in den Dreißigern und ist sieben Tage die Woche bis in die frühen Morgenstunden hinein geöffnet. United Designers bringen es auf den Punkt: „Ob Sie essen, trinken, tanzen oder etwas besprechen möchten, im *Corinthian* können Sie das alles tun, und zwar unter einem herrlichen Kuppeldach."

Grundriß:
Grundriß des Restaurants (ganz oben) und der Mitgliederbar (oben). Weitere Räumlichkeiten zur privaten oder geschäftlichen Nutzung finden sich im Untergeschoß und den oberen Stockwerken.

Rechts:
Die spektakuläre, acht Meter große Glaskuppel, die im 19. Jahrhundert von James Salmon konstruiert wurde, ist die Krone des *Corinthian*.

Tokio, Japan
Airconditioned, 2000

Soft

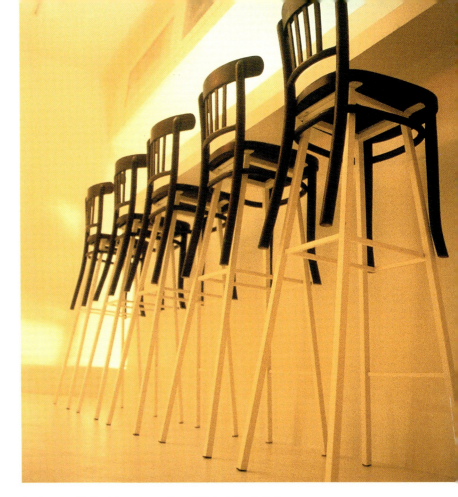

Links:
Die Möbel wirken in dem kahlen weißen Raum wie Kunstwerke in einer modernen Galerie und verleihen dem *Soft* etwas Surreales.

Rechts:
Wann ist ein Barhocker kein Barhocker? Wenn er von Airconditioned entworfen wurde und ein einfacher Stuhl auf einem hohen weißen Hocker ist.

Auch wenn die Designergruppe Airconditioned das *Soft* als „zeitgenössisches britisches Pub" bezeichnet, erinnert die ehemalige Karaoke-Bar doch eher an eine moderne Kunst-Installation. Die ausgeflippten Möbel wirken vor den nackten weißen Wänden der kleinen Kellerbar wie Kunstwerke im typischen weißen Kubus einer Galerie. Das *Soft* steckt voller Tricks – das Design ist so humorvoll, daß es mit Interieurs des Großmeisters der Illusion, Philippe Starck, vergleichbar ist –, darunter optische Spielereien mit den Proportionen und natürlich eine kuriose Toilette.

Eingang und Treppe hüllen sich in Dunkelheit, bis jemand kommt und ein Sensor dafür sorgt, daß das Licht angeht. Innen fungiert eine hohe, weiße Theke als Bar – allerdings sind keine Flaschen sichtbar, damit der klare weiße Hintergrund nicht durchbrochen wird. Die Nachtschwärmer klettern auf die hohen Barhocker, die wie in der Luft schwebende Stühle wirken. In diesen eigens angefertigten Kreationen liegt etwas Surreales, ein Hauch von Magritte-Magie. Wann ist ein Barhocker kein Barhocker? Offensichtlich dann, wenn er von Airconditioned entworfen wurde und aus einem Stuhl auf einem Hocker besteht. Hitoshi Saeki von Airconditioned sagte in einem Interview (*Frame*, Nr. 17, 2000): „Wir gestalten die Aktivitäten der Menschen. Das ist nicht immer einfach, aber es macht viel Spaß."

Das gesamte Mobiliar verleiht dem *Soft* seinen ungewöhnlichen Charakter. Neben der Bar stehen in einer Reihe weiße Tische und Stühle von El Ultimo Grito mit einfachen Stahlgestellen und weißen Acryltischplatten. In der gegen-

überliegenden Ecke gruppieren sich maßgefertigte Stühle von Jam um vier weiße Quadrate herum, die an weißen Stangen von der Decke herabhängen: das Konzept „Tisch" auf den Kopf gestellt. MEMO-Sofas von Inflate bringen Farbe in den Raum und bieten flexible, gemütlichere Sitzgelegenheiten. Die Tische werden mit Kerzen und Licht von oben beleuchtet, und an der Bar bringt fluoreszierendes oranges Licht von unten Wärme.

Wer die Sprache des modernen Designs gut genug versteht, um die Toilette zu finden (durch eine klinkenlose Tür in der Wand), findet sich in einem weiteren rätselhaften Raum wieder. Auch hier wird das Licht durch einen Sensor eingeschaltet, wenn ein Gast den Raum betritt. Man befindet sich dann in einer leuchtend orangen Kabine, in der die Toilettenpapierrolle so hoch hängt, daß man vorausplanen muß, und in der der Wasserhahn eine Wassersäule von der Decke fallen läßt. Vielleicht ist das *Soft* ein zeitgenössisches britisches Pub, aber sicher keins, wie wir es kennen.

Oben:
Die leuchtend orange Toilettenkabine ist ein rätselhafter Raum hinter einer Tür ohne Klinke. Die Toilettenpapierrolle ist so angebracht, daß man vorausplanen muß.

Rechts:
Maßgefertigte Stühle von Jam gruppieren sich um weiße Quadrate herum, die an Stangen von der Decke herabhängen: das Konzept „Tisch" auf den Kopf gestellt.

BAR Ballad BAR

Tokio, Japan
Yasumichi Morita, 1999

Der Designer Yasumichi Morita beschreibt das Interieur als „spannungsgeladenen Balanceakt zwischen Tradition und durchgestylter Moderne".

Links:
Silberne Masken aus dem Nô – einer traditionellen japanischen Theaterform – säumen den Eingangsflur.

Rechts und ganz rechts:
Die sinnliche rote Vinyldecke findet eine Ergänzung in der warmen, glänzenden Kirschholztheke darunter.

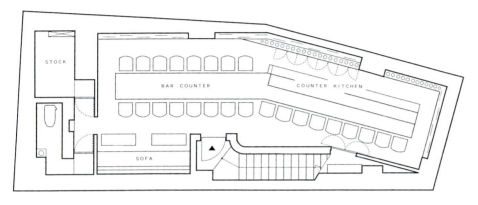

Grundriß:
Der lange Tisch besteht aus zwei Teilen, die die ungewöhnliche Form des Raums wiederholen. Der eine Teil dient als großer Tisch für 16 Personen, der andere Teil als konventionelle Bar.

Yasumichi Morita entwarf diese schicke kleine Bar im Tokioter Stadtteil Aoyama, der für seine Designermöbelgeschäfte berühmt ist, mit mehreren japanischen Design-Koryphäen zusammen. Yasuo Kondo behängte Decke und Wände mit roten Vinylseilen, und der Innendesigner Takashi Sugimoto zeichnet für die japanischen Kirschholzplatten auf dem langen Tisch und der Theke verantwortlich. Der Fotograf Takao Kitayama brachte die Bilder aus Japan, Vietnam, China und von den Philippinen aus den 1950er bis 1980er Jahren ein. Morita kümmerte sich um die Details und behielt den Überblick über das Gesamtbild, das, wie er sagt, „ein spannungsgeladener Balanceakt zwischen Tradition und durchgestylter Moderne" ist.

Das typisch Japanische erhält die Bar durch die Details aus traditionellen Materialien – Morita hat Kitayamas Fotografien in Bambus gerahmt und sie an der erleuchteten Spiegelwand entlang aufgehängt. Auf den Rückseiten der Bilder befinden sich weitere Bilder, die im Spiegel zu sehen sind. So entsteht der Eindruck von Tiefe. Morita schafft einen Ausblick für seine Gäste, die vielleicht gerne aus dem Fester geguckt hätten, wenn die Bar nicht im Untergeschoß läge.

Die ausgestellten Silbermasken stammen aus dem Nô, einer klassischen japanischen Theaterform. Normalerweise bestehen sie aus Holz, aber Morita hat sie mit einem Chromüberzug modernisiert. Ein weiterer Bezug zum Theater findet sich in der roten Quaste an den Rückenlehnen der Stühle. Die Beleuchtung ist gedämpft, aber gebündelt; zusätzlich zur Beleuchtung in der Spiegelwand stehen auf der Theke 40 kleine Öllampen im Abstand von je 20 cm. Sie bringen die Beschaffenheit und die rötliche Färbung der Kirschholztheke zum Leuchten, die mit der Wärme der Vinyldecke korrespondiert.

Hotelbars

Bar Tempo/Claridge's Bar/Crowne Plaza Bar/Absolut Icebar/Time (Intergalactic) Beach Bar/Miramar Hotel Bar/Purple Bar/Hotel Atoll Bar/Dietrich's/Mink Bar/Hudson Hotel Bar/Mandarin Bar/The Church Lounge

Kitakyushu, Japan
Shigeru Uchida, 1998

Bar Tempo
Mojiko Hotel

Die Kirschbaumtheke verläuft entlang der Fenster und bietet einen herrlichen Ausblick auf die Straße von Kammon.

Wer Ruhe und Entspannung sucht, wird sicher von der *Bar Tempo* nicht enttäuscht werden, die sich im obersten Stockwerk des *Mojiko Hotels*, des „Hotels am Meer", in Japan befindet. Der L-förmige Raum bietet mit seinem dunkelroten Interieur und luxuriösen Materialien Behaglichkeit, von den Decken und der Theke aus Kirschbaum bis zum voll funktionsfähigen antiken Kamin in der Lounge. Das Hotel ist das Ergebnis einer Zusammenarbeit des berühmten italienischen Architekten Aldo Rossi mit dem Innenarchitekten Shigeru Uchida. Es liegt auf einer Landspitze im Hafen von Moji.

Der Wunsch des Besitzers, daß man von der Bar aus einen spektakulären Blick auf die Straße von Kammon haben sollte, ist dadurch erfüllt worden, daß die Bar jetzt an der Fensterfront entlang verläuft. Wer an der Bar sitzt, hat einen herrlichen Blick auf die Bucht – eine Wasserfläche, an deren gegenüberliegender Küste die Lichter funkeln. Die Bar bietet sich vor allem für Alleinreisende und Paare an, wohingegen die etwas abgesenkte Lounge um die Ecke mit ihren Sofas und Clubsesseln sich eher für Gruppen eignet. Aus den Fenstern der Lounge sieht man das blau-grüne Dach des Bahnhofs von Mojiko im Stil der Neorenaissance.

Der Konzertflügel steht in der Mitte des Raumes, damit alle Gäste der Musik lauschen können. Die dunkelgrünen und grauen Farbtöne der Wildlederpolster korrespondieren mit den roten Wandfliesen. Diese klassischen Kacheln sind besonders typisch für japanisches Design – sie wurden

Rechts:
Das dunkelrote Interieur verströmt Wärme, von den klassischen Wandfliesen bis hin zum voll funktionsfähigen Kamin.

Grundriß:
Der Flügel steht in der Ecke des L-förmigen Raums, damit man sowohl an der langen Bar als auch in der Lounge die Musik hören kann.

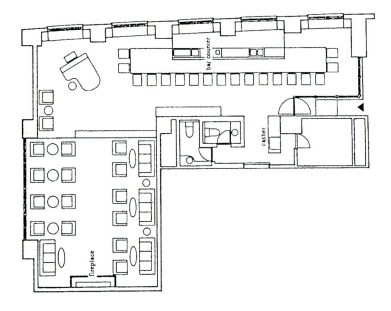

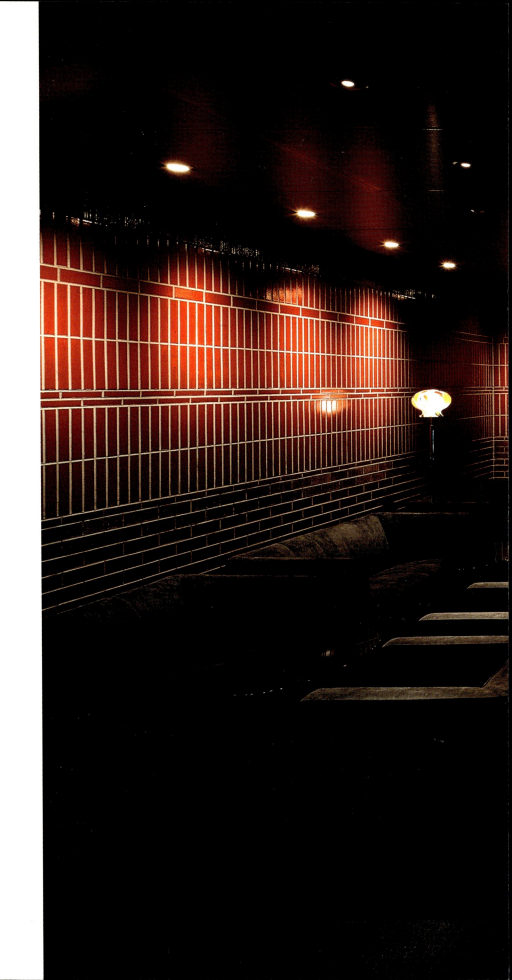

gewählt, weil sie in den historischen Kontext der Region passen. Neben der Beleuchtung von oben über den Sitzgruppen und in allen Fenstern sorgen vereinzelte maßgefertigte Bodenlampen mit einem Bild des *Mojiko Hotels* für die Beleuchtung.

Uchida glaubt fest daran, daß die Architektur mit dem herrschenden Geist eines Ortes entweder kongruiert oder konkurriert. Das starke, aber schlichte Design der *Bar Tempo* muß im Kontext mit dem des gesamten Hotels betrachtet werden, das Uchida so beschreibt: „Die innenarchitektonische Gestaltung liegt in der Kultur der Region verwurzelt, die erstaunlich hartnäckig und widerstandsfähig gegen die Zeit und den Einfluß anderer Kulturen ist."

London, Großbritannien
David Collins, 1998

Claridge's Bar
Claridge's Hotel

Links:
Feierlich und elegant verströmt die neue Bar, die in Zusammenarbeit mit der Organisation English Heritage entstand, eine altmodische, edwardianische Atmosphäre, die zum Hotel paßt.

Rechts:
Zu der luxuriösen Ausstattung zählen die mit gepolsterter Seide bezogenen Wände im Nebenzimmer und maßgeschneiderte Rohseiden-Vorhänge, die von oben beleuchtet wie abstrakte Kunstwerke wirken.

Claridge's Bar ist vielleicht klein, aber was ihr an Größe fehlt, macht sie durch Glanz wieder wett. David Collins gestaltete die Bar in Zusammenarbeit mit der britischen Regierungsorganisation English Heritage, die gewährleisten sollte, daß das Design zum denkmalgeschützten Art-déco-Interieur des Hotels paßt. Die Einrichtung einer neuen Bar im *Claridge's*, die sowohl von der Hotellobby als auch von der Straße aus zugänglich ist, hängt mit der „Schragerisierung" von Hotelbars zusammen – dem Trend, den der Hotelier Ian Schrager gesetzt hat und mit dem er Hotelbars neu belebte, indem er sie für die Einwohner einer Stadt ebenso attraktiv machte wie für Hotelgäste. Obwohl Collins' Design klassisch und traditionell ist und nicht so ausgeflippt und über-hip wie die Hotelbars von Philippe Starck, ist die Bar doch sehr beliebt in der Londoner Modeszene.

Das neue Interieur in der ehemaligen Causerie vermittelt eine feierliche Eleganz, die dem gastgebenden Hotel und der Lage im Londoner Stadtteil Mayfair angemessen ist. Die gedämpfte Farbpalette in Silber und Nilgrün und klassische Materialien wie das Walnußparkett und die Onyx-Theke mit Sprüngen wie in altem Porzellan vermitteln ein Gefühl von Luxus. Diese Bar ist ein Ort zum Entspannen – nicht zum Herumstehen. Gäste haben die Wahl zwischen gedrungenen, runden Barhockern, die mit dunkelrotem Leder oder rotem Krokodillederimitat gepolstert sind, Sofas und Sesseln.

Der Kamin versorgt den Raum mit einer angenehmen Wärme. Er ist in eine Wand eingebaut und trennt die Main Bar vom kleineren „Snug". Dieser gemütliche Nebenraum hinter dem Kamin ist ruhiger und intimer, mit einer gepolsterten, grünen Seidendecke und schallisolierten Wänden. Außer dem Kronleuchter in der Main Bar, einem Fundstück, wurde die gesamte Beleuchtung inklusive der sechseckigen Plexiglaslampen eigens von Collins entworfen. Die maßgeschneiderten, rohseidenen Vorhänge komplettieren das Bild – nach Einbruch der Dunkelheit werden sie zugezogen und von oben herab beleuchtet, so daß sie wie abstrakte Kunstwerke wirken, die zusätzlich Farbe in den Raum bringen.

Crowne Plaza Bar
Crowne Plaza New York

New York City, USA
Adam Tihany, 2000

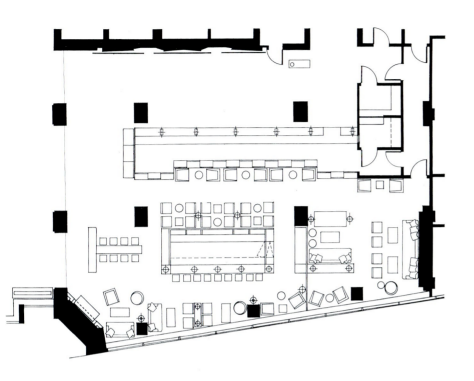

Grundriß:
Die Hotelbar besteht aus einem Hauptraum und einer benachbarten Lounge, die durch Elemente aus Edelstahl und gefrostetem Glas voneinander getrennt werden.

Oben rechts:
Die großen, abstrakten Formen stellen Bäume dar. Rosenholzsäulen und Glaselemente wirken wie kantig wachsende Baumstämme.

Links:
Als wichtigstes gestalterisches Motiv zieht sich der Baum in verschiedenen Formen durch die Bar; in Bildern von Wäldern auf Hi-Tech-LCD-Bildschirmen bis hin zu rauhen Stämmen mit Rinde, die als moderne Kunstinstallationen daherkommen.

Adam Tihany mischt in seiner Neugestaltung der Bar des New Yorker *Crowne Plaza* Hotels seidige, moderne Oberflächen mit organischen, natürlichen Formen. Er wählte den Baum als zentrales gestalterisches Motiv, um die wachsende Sorge um die Umwelt zur Jahrtausendwende darzustellen, präsentiert dieses Thema aber mit aktueller Technologie wie den kleinen, in Sägemehl eingebetteten LCD-Bildschirmen, auf denen Bilder von Bäumen und Wäldern gezeigt werden. Große, abstrakte Baumskulpturen, zum Beispiel in Form von Rosenholzsäulen, die wie kühne, kubistische Stämme durch die Decke zu wachsen scheinen, regen die Phantasie der Gäste an.

Die Trennwand zwischen dem Eingangskorridor und der Lounge besteht aus gefrosteten Glasplatten und Edelstahlblechen, die versetzt angeordnet sind, so daß sie wie ein wachsender Baumstamm erscheinen. Sie werden alle von unten beleuchtet und spenden schimmerndes, diffuses Licht. Offensichtlichere Holzelemente sind die dicken Stämme, die unter der Decke hängen und die quadratischen Lichtboxen miteinander verbinden. Tihany hat das Thema Baum außerdem für eine Kunstinstallation aufgegriffen, in der er einen 2,5 m langen Stamm in einer Glasvitrine ausstellt.

An der Bar hat ein Dutzend Personen auf maßgefertigten Mahagonihockern mit gelbbraunen Ledersitzen Platz. Die Lounge faßt mit ihren ebenfalls eigens angefertigten Sofas und Clubsesseln weitere dreißig Personen. Die Edelstahlrahmen der Möbel sorgen für moderne, klare Linien, während die dunkelbraunen Lederpolster und die roten und gelbbraunen Mohairsitze und Kissen für Gemütlichkeit sorgen. Die natürliche Pracht des Holzes entfaltet sich auch in praktischen Elementen der Bar wie den dunklen Ebenholz-Tischplatten und dem prächtigen brasilianischen Kirschholzboden. Maßgefertigte Lampen spenden Wärme, und leuchtende gelbe Farbtupfer bilden einen Kontrast zu den kalten Blautönen des gefrosteten Glases. Abends sorgt flackerndes Kerzenlicht für eine intime Beleuchtung.

Jukkasjärvi, Schweden
Åke Larsson und Arne Bergh, 2000

Absolut Icebar
Icehotel 2000-1

Links:
Das kristallklare Eis, aus dem das durchscheinende Winter-Wunderland-Interieur des *Icehotels* und der *Icebar* gestaltet werden, wird jedes Jahr im November aus dem Fluß Torne herausgeschnitten.

Oben:
Die Bar befindet sich in einem zehn Meter hohen Gewölbe. Wenn sie fertig ist, werden auch eine Galerie und ein Restaurant eröffnet.

Es gibt nicht viele Bars, die jedes Jahr neu gebaut werden, aber es werden auch nicht viele aus Eis gebaut. Die *Absolut Icebar*, ein Teil des *Icehotel* in Jukkasjärvi, 200 km nördlich des Polarkreises im schwedischen Lappland, wird seit 1989 jährlich neu geschaffen. Der Bau beginnt Anfang November, so daß das Hauptgebäude im Dezember steht und bis in den Januar hinein an der Innenausstattung gearbeitet wird. Åke Larsson und Arne Bergh gestalten das *Icehotel* jedes Jahr und haben, obwohl die Bar von Absolut Vodka gesponsert wird, alle Freiheit, die Marke so in ihr Design einzuflechten, wie es ihnen gefällt.

Das *Icehotel 2000-1* besteht aus kristallklarem Eis, das mit in Jukkasjärvi speziell angefertigtem Gerät aus dem Fluß Torne herausgeschnitten wurde. Mit Schneekanonen und Frontladern wird dichter Schnee, der sogenannte „Snice", über gewölbte Stahlformen gepreßt. Zwei Tage später werden diese gewölbten Elemente zu ihrem Bestimmungsort gebracht, und die Eis-Stützpfeiler werden eingesetzt. Als nächstes gehen Künstler und Bildhauer aus aller Welt daran, das Innere durch Skulpturen und architektonische Details aus Eisblöcken zu einem Hotel und zu einem vergänglichen Kunstwerk zu machen, das im April wieder schmilzt. In früheren Eishotels gab es Eis-Leinwände, auf denen Videos gezeigt wurden, Eingänge in der Form riesiger Absolut-Flaschen und einen „Bargast" – die lebensgroße Eisskulptur eines Manns an der Theke.

Die *Absolut Icebar* liegt am Ende eines 40 m langen, von Eissäulen flankierten Gangs mit Skulpturen und Möbeln.

Links:
Dunkelrote Wodkacocktails mit dem Saft von Früchten der Region werden in Schnapsgläsern aus Eis serviert.

Ganz links:
Die Designer haben alle Freiheiten, die Marke Absolut Vodka so in ihren Entwurf zu integrieren, wie sie möchten. In einem früheren Eishotel hatten die Türen einmal die Form der Flasche.

Grundriß:
Die *Absolut Icebar 2000-1* besteht aus einem langen, von Säulen flankierten Gang mit Skulpturen und Möbeln, der in einer spektakulären Kuppel endet: der eigentlichen Bar.

Rechts:
Künstler und Bildhauer aus aller Welt schaffen die architektonischen Details und reich verzierten Möbel, und so entsteht gleichzeitig eine Bar und ein vergängliches Kunstwerk.

Rentierfelle sorgen für Wärme und Gemütlichkeit. Der Gang endet in der eigentlichen Bar: einer spektakulären Eiskuppel mit 14 m Durchmesser und 10 m Höhe. Auf der gegenüberliegenden Seite der Kuppel soll es später einen Durchgang zu einer Galerie und zum Restaurant geben. Larsson und Bergh haben die Marke Absolut als riesige Reliefs der Wodkaflaschen aus Eis und Schnee in die Wand hinter der Bar integriert, die wie Kunstwerke angestrahlt werden. Die Farben in diesem eisigen, durchscheinenden Raum entstehen durch das wechselnde Licht von draußen und durch Kerzen im Innern, die den kalten, bläulichen Raum mit ihrem orangen Leuchten wärmer machen. Die Wodkacocktails mit Früchten der Region wie Moltebeeren und Preiselbeeren werden in Gläsern aus klarem Eis serviert und bringen zusätzliche Farbe in dieses igluartige Kunstwerk.

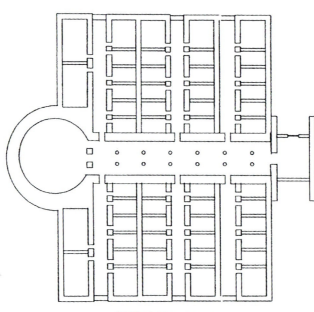

ICEHOTEL 2001

Time (Intergalactic) Beach Bar

Whitley Bay, Großbritannien
Paul Daly, 1998

Die *Time (Intergalactic) Beach Bar* ist voller kurvenreicher, retro-futuristischer Formen und fließender Linien. Dalys eigens angefertigte Zapfhähne schwingen sich wie Schwanenhälse von der Theke herauf, und darüber blitzt die Lichtinstallation „Chromawall" von Jeremy Lord in verschiedenfarbigem Licht wie ein landendes Raumschiff.

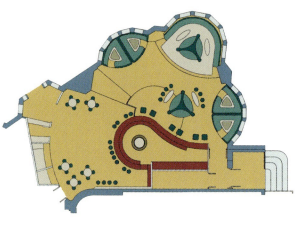

Oben:
Ein violetter, verspiegelter Gang führt zu den Toiletten und zum Hotel.

Grundriß:
Der Grundriß zeigt die runde Form der Bar und die drei satellitenartigen Sitzecken an den Fenstern.

Rechts:
Für die Bar wurde eigens Mobiliar angefertigt – darunter zwei dieser Stücke mit dem frechen Namen „Ménage à Trois" (drei Sitzbänke in einer).

Das verrückte, futuristische Mobiliar, die Farben der 1970er Jahre und die Weltraumoptik der *Time (Intergalactic) Beach Bar* sind typisch für Paul Daly. Der Londoner Designer und bildende Künstler begann erst Anfang der 1990er Jahre, seine Fähigkeiten als Bildhauer für Entwürfe von Möbeln und Objekten einzusetzen. Heute gestaltet er ganze Inneneinrichtungen. Daly ist auf Bars und Restaurants spezialisiert – bei der *Time (Intergalactic) Beach Bar* sollte er für den ehemaligen Ballsaal eines Hotels „etwas 70er-Jahre-Discomäßiges" entwerfen. Die Originalausstattung wurde entfernt, und aus einem Erkerfenster wurde der Eingang.

Das Interieur ist voller geschwungener Formen und fließender Linien, von dem gegossenen Fabrikboden-Finish in verschiedenen Blautönen, inspiriert von dem italienischen Designer Gaetano Pesce, bis zu den runden fliegenden Untertassen, den Entlüftern. Das erste, was dem Gast ins Auge fällt, ist die große, runde Bar mit Dalys maßgefertigten „Yoga"-Zapfhähnen, die wie elegante Schwanenhälse aus der Theke ragen. Links des Eingangs bildet eine erhöhte Fläche mit hellem Holzfußboden die Lounge, in der drei große Erker als Sitzecken mit blauen Lederbänken ausgestattet sind.

Drei Möbelstücke wurden eigens für die *Time (Intergalactic) Beach Bar* angefertigt: die Stühle und Barhocker aus Sperrholz und braunem Leder mit den Namen „Ply-Me-Down" und „Ply-Me-Up" (von plywood = Sperrholz), und die frech mit „Ménage à Trois" bezeichneten, braunen, gepolsterten Sitzelemente, die eigentlich aus drei Bänken in einer bestehen. In der Lounge befinden sich zwei dieser Elemente. Um den Science-Fiction-Look zu vervollständigen, arbeitete Daly mit dem Lichtdesigner Jeremy Lord zusammen, dessen Lichtinstallation „Chromawall" in der großen, runden Aussparung in der Decke liegt. Sie besteht aus verschiedenfarbigen quadratischen Leuchten, die wie die Lichter eines Raumschiffs wirken, das gerade zur Landung in Whitley Bay ansetzt.

Miramar Hotel Bar
El Gouna, Ägypten
Michael Graves, 1997

Links:
Das wichtigste Element ist die Back Bar – eine Etage oranger Nischen über der anderen, alle beleuchtet, um die Form und die darin aufgestellten Flaschen zur Geltung zu bringen.

Rechts:
Die blauen Glaslampen, die wie Opferlämpchen an Ketten von der Decke hängen, wurden wie die meisten Details in der Bar vor Ort hergestellt.

Unten:
Die Bar spiegelt die typisch islamischen Formen des Hotels wider.

Die Schönheit dieser Hotelbar liegt in der Vielzahl der orangen Nischen, die beleuchtet sind, um die Bögen und Flaschen zur Geltung zu bringen, und in der Spannung zwischen einer so großen architektonischen Geste und dem geringen Raum, den sie einnimmt. Die Bar wird von einem einzelnen großen Bogen in der Mitte des langgestreckten Raums umrahmt. Auf der gegenüberliegenden Seite hat man aus Fenstertüren einen Blick über die Terrasse und das türkisfarbene Rote Meer. Die Bar paßt exakt in das Fünf-Sterne-Hotel *Sheraton Miramar* von Michael Graves & Associates im ägyptischen Ferienort El Gouna.

Die ganze Anlage ist 200.000 m² groß und besteht aus Gebäudegrüppchen inmitten von Landschaftsgärten und angelegten Lagunen und Pools, so daß man von jedem Hotelzimmer aus einen Blick aufs Wasser hat. Das Einzigartige am *Miramar Hotel* ist Graves' moderne Interpretation der traditionellen Architektur und seine originalgetreue Anwendung einheimischer Bautechniken und Materialien in einer spektakulären geometrischen Anordnung von farbenprächtigen Kuppeln, Bögen und Ovalen, umgeben vom Roten Meer. In der Bar werden diese Formen und islamischen Muster in kleinerem Maßstab wiederholt – das Hauptaugenmerk liegt auf den unzähligen Bögen in der Rückwand der Bar, deren Säulen des Effektes wegen vergoldet sind. Das Ergebnis ist ein Mini-Miramar.

Die blauen Glaslampen, die an Ketten herunterhängen wie religiöse Opferlämpchen, bilden einen Kontrast zu dem orangen Leuchten der Bar. Sie wurden zwar von Graves entworfen, aber wie die meisten Elemente des Hotels vor Ort von Kunsthandwerkern angefertigt. Die schlichten Barhocker und Stühle aus Kirschholz haben runde Löcher in der Rückenlehne, die die Öffnungen in den Hotelfassaden und die runden Dachfenster in den Kuppeln und den gewölbten Decken der Hotelzimmer wiederholen. Die Sessel sind mit Seide und Baumwolle gepolstert, in einige davon sind goldene Pharaonensterne eingewebt. Die Bar wird vor allem zur Entspannung nach dem Essen genutzt, wobei die Gäste in den milden arabischen Nächten meist auf der Terrasse sitzen.

Purple Bar
Sanderson Hotel
London, Großbritannien
Philippe Starck, 2000

Links:
Die Bar ist als intimes, inneres Heiligtum ganz in violette Farbtöne eingekleidet. Zarte Details bilden einen scharfen Kontrast zur rauhen Felsbar.

Oben links:
Designskizzen zeigen die geätzten venezianischen Spiegel um den Eingang.

Oben rechts:
Die *Purple Bar* ist der perfekte Gegenpol zur protzigen *Long Bar* des Hotels, deren schimmernde Onyx-Theke 24 Meter lang ist.

Diese schicke, majestätische Bar mit venezianischem Glas und violetter Seide befindet sich in der Lobby von Ian Schragers *Sanderson Hotel* in London. Das dunkle, von Kerzen beleuchtete Interieur bildet einen scharfen Kontrast zum Rest des Hotels, das glänzend Philippe Starcks surreale, theatralische Ästhetik zur Schau stellt, die Schragers Londoner Hotels so einzigartig macht. Schrager brachte in den 1980er Jahren mit dem *Morgan's Hotel* in Manhattan, New York, das Konzept des „Boutique"-Hotels auf den Weg. Er wollte die Hotels wieder beleben, die Gäste sollten sich in der Lobby aufhalten, und Hotels sollten die Nightclubs der 90er werden. Das ist vielleicht gar nicht weiter erstaunlich, wenn man bedenkt, daß es hier um den Mann geht, der zusammen mit seinem Partner Steve Rubell den vielleicht berüchtigtsten, gefeiertsten Nightclub aller Zeiten schuf, das legendäre *Studio 54*.

Schrager, der „hippe Hotelier", besitzt eine ganze Reihe von Treffpunkten für Stil- und Starbewußte. Die Hotelbars sind die Kontaktpunkte, an denen sich die High-Society der Stadt unter die Gäste aus aller Welt mischt. Tatsächlich sind diese Hotelbars so erfolgreich, daß es nötig wurde, mehrere Bars in einem Hotel unterzubringen – eine allgemein zugängliche Main Bar und eine kleinere, oft exklusivere Bar. Im *Sanderson* bildet die *Purple Bar* den Gegenpol zur *Long Bar* – einer 24 m langen, schimmernden Onyxbar mit weißen Barhockern, wo sich zumeist eine Menge Gäste tummeln. Das *Purple* ist das intime, innerste Heiligtum für Hotelgäste und VIPs und bietet nur 40 Personen Platz.

Die *Purple Bar* ist komplett in violetten Farbtönen gehalten, mit Sitzbänken aus Plüschsamt, seidenen Operndraperien an den Wänden und gesteppter Seidenpolsterung unter der Decke und ist dadurch schallisoliert, ruhig und gedämpft. Einige Details spielen auf *Alice im Wunderland* an, wie etwa die zierlichen Queen-Anne-Stühle, kleine, maßgefertigte afrikanische Hocker und natürlich die Spiegel. Sind wir hier hinter den Spiegeln? Das geätzte venezianische Glas zieht sich als gestalterisches Motiv durch das ganze *Sanderson* und kommt auch in der Bar zum Einsatz, angefangen bei dem lavendelfarben verspiegelten Eingang bis hin zu den runden Tischplatten und dem Rahmen um die Bar. Diese feinen, palastartigen Details stehen in krassem Gegensatz zum Blickfang des Raums – der Front der Bar, einer dramatisch angestrahlten Felsplatte aus unbehauenem Nero-Assoluto-Stein. Das Licht ist auf die Bar und das dahinterliegende Regal mit einem Panoptikum von Wodkas gerichtet. Der Rest des Raums versinkt in Lila und in flackerndem Kerzenlicht.

Helgoland, Deutschland
Alison Brooks Architects, 1999

Hotel Atoll Bar

Oben:
Arne Jacobsens Schwanenstühle befinden sich außerhalb des Gravitationsfelds der Bar.

Links:
Die Bar besteht aus einem Aluminiumzylinder, der diagonal durchtrennt zu sein scheint, so daß laut der Designerin Alison Brooks eine von oben beleuchtete „innere Leere" entsteht.

Die Lobbybar des Hotels *Atoll* auf der Insel Helgoland in der Nordsee ist als Mikrokosmos des gesamten Badehotels konzipiert. Ein künstliches Atoll, eine schwimmende Tauchplattform vor der Küste Helgolands, die von dem Hamburger Industriellen Arne Weber vor der Verschrottung gerettet wurde, gab dem Hotel seinen Namen und inspirierte die Architektin Alison Brooks, die das Interieur entwarf. Die runde Bar besteht aus einem Aluminiumzylinder, der diagonal durchtrennt zu sein scheint, so daß ein erleuchteter „Deckel" jetzt über der, so Alison Brooks, „inneren Leere" schwebt, in der der Barkeeper arbeitet. Sie wirkt zwar wie aus dem Weltraum, aber in dieser Umgebung könnte sie auch ein Lebewesen aus dem Meer sein, etwa eine riesige Muschel.

Die gesamte Ausstattung spielt mit dem Thema Wasser. Im Foyer zum Beispiel ist der grüne Terrazzoboden von Stahlkegeln durchbrochen, durch die man einen Blick auf die Schwimmer im darunterliegenden Pool hat. An anderer Stelle steht in der Mitte des verglasten Bistros ein großer Eßtisch in der Form eines Seesterns oder eines Korallengewächses, und die Damentoiletten sind in einem rettungsringförmigen Objekt versteckt, das an eine Qualle erinnert. Die architektonischen Pläne zeigen deutlich Brooks' Vorliebe für fließende, runde Geometrien, die in der Bar, im Foyer, im Bistro, im Shop und in den gläsernen Sitzecken im Restaurant zu finden sind – alles auf einem L-förmigen Grundriß.

Oben:
Stühle mit Glaslehnen lassen viel Licht in das Restaurant.

Skizze:
Hohe, konvexe Kupferbleche, die an Wirbelknochen erinnern, umgeben die Bar und trennen sie von der Lobby.

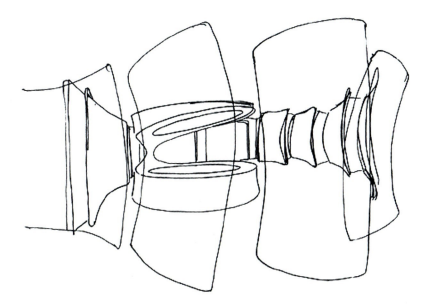

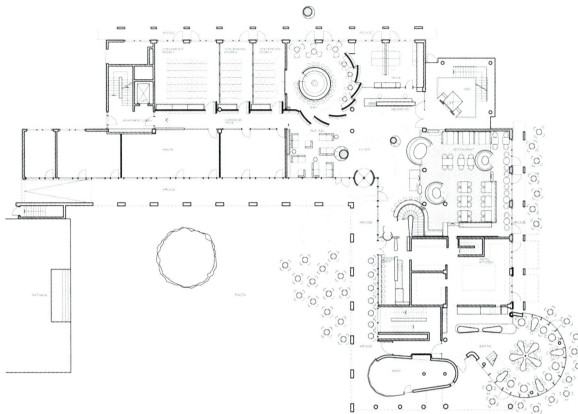

Oben:
Durch große Zylinder, die den grünen Terrazzoboden in der Lobby durchbrechen, kann man die Schwimmer im darunterliegenden Pool beobachten.

Grundriß:
Brooks' Vorliebe für eine fließende, fast organische Geometrie zeigt sich in der Bar, im Shop, im Bistro und im gesamten L-förmigen Raum.

Rechts:
Die Bleche um die Bar herum sind nach außen hin aufgefächert, in Form und Bewegung wie eine Seeanemone.

Schimmernde, konvexe Kupferbleche umgeben die Bar und trennen sie von der Lobby. Sie sind eine Fortsetzung der konkaven Kupferwand, die die benachbarten Konferenzräume umschließt. Laut Brooks entstand die Kupferwand aus dem Wunsch heraus, „den Gang atmen zu lassen und eine Wellenbewegung hineinzubringen". Daraus entwickelte sich die Idee, die Bar so einzufassen, daß sie je nach Bedarf geöffnet und geschlossen werden kann. Da Kupferbleche mit doppelter Krümmung jedoch praktisch nicht herstellbar waren, hat Brooks schließlich „die Wand zerlegt und die einzelnen Stücke überlappend angeordnet, so daß sie sich plötzlich wie Schuppen oder Wirbelknochen um die Bar herumwanden."

Daß die Bleche „unbefestigt" wirken, trägt zu dem Eindruck einer Bewegung bei, der bereits durch die dynamische, offene Gestaltung der Bar geweckt wird. Tatsächlich scheint die Bar sogar zu leben, wenn sie leer ist. Um sie herum stehen „Bombo"-Stühle von Magis, die wie umhertreibende Quallen oder UFOs wirken. Unmittelbar außerhalb des Gravitationsfelds der Bar bilden die kurvenreichen Schwanenstühle von Arne Jacobsen eine kleine Lounge am Fenster. Das Design ist zwar sehr futuristisch, aber weniger auf den Weltraum fixiert als vielmehr eine Art „2001 – Odyssee im Meer". Und möglicherweise geht es noch weiter – Weber träumt davon, das ganze Atoll zu einer schwimmenden Bar zu machen.

Berlin, Deutschland
Dani Freixas & Varis Architects, 2000

Dietrich's
Grand Hyatt Berlin

Links:
Kleine Lampen aus weißem, opaleszierendem Glas sind in der Mitte der Theke befestigt und spenden abends sanftes Licht.

Rechts:
Die leuchtende Wand besteht aus „Sandwiches" aus rotem Zedernholz, gelbem Eichenlaminat und Glas, die an einer Edelstahlkonstruktion aufgehängt sind und von hinten mit fluoreszierendem Licht beleuchtet werden. Unter der Decke versteckt ein Fächer aus massiven Holzleisten die Klimaanlage.

Grundriß:
Die Gäste sitzen entlang der Zickzack-Bar, einander gegenüber an einem der beiden großen Tische oder an den runden Tischen für je sechs Personen.

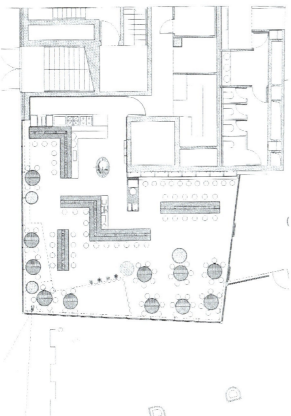

Es scheint passend, daß die Theke im *Dietrich's* stark fragmentiert ist und in mehreren Abschnitten im Zickzack verläuft, da es in der Nähe der ehemaligen Mauer liegt. Seit dem Fall der Mauer hat der Stadtteil sich schnell entwickelt und ist zu einem wichtigen Geschäfts- und Freizeitbezirk mit Kinos, Bars und Clubs geworden. Das *Dietrich's* befindet sich im Erdgeschoß des *Grand Hyatt Hotels* am Marlene-Dietrich-Platz. Es war zunächst als Nudelbar geplant, später dann als russisches Restaurant und ist nun eine Bier- und Fast-Food-Bar.

Innen ist die leuchtende, getäfelte Wand von Dani Freixas das auffälligste Element. Freixas ist vom Licht fasziniert, wie er in einem Interview sagt (*Frame*, Nr. 9, 1999): „Ich liebe seine Körperlosigkeit, seine Ausdehnungskraft, seine Fähigkeit, Räumen Farbe zu verleihen, seine Flexibilität beim Zeichnen von Umrissen. Ich setze es ein, um Schatten zu schaffen, Hierarchien festzulegen und die Wahrnehmung architektonischer Elemente und Linien im Raum zu lenken." Im *Dietrich's* fungiert die von hinten beleuchtete Vertäfelung als riesige, vertikale Lampe, die sanftes, diffuses Licht spendet. Selbst draußen ist ihr Leuchten zu sehen und wirkt einladend auf Passanten.

Die leuchtenden Tafeln bestehen aus „Sandwiches" aus Holzlaminat und Glas, die an einer Stahlkonstruktion aufgehängt sind und von hinten fluoreszierend beleuchtet werden. Durch die Kombination von rotem Zedernholz und gelber Eiche ist das Licht immer unterschiedlich intensiv. Nach Einbruch der Dunkelheit sorgen die kleinen Tischlämpchen für eine intimere Atmosphäre. Die weißen, opaleszierenden Glaszylinder spenden weiches, natürliches Licht und schaffen optisch eine Verbindung zwischen den zwei großen Tischen und den beiden Teilen der Bar.

Von der Decke über der Bar hängen im Abstand von je 5 cm massive Holzleisten in einer fächerförmigen Anordnung in unterschiedlichen Höhen herab. Sie verstecken zum einen die Klimaanlage, zum anderen verbinden sie die verschiedenen Bereiche des Raums miteinander. Zum Sitzen gibt es Barhocker aus Edelstahl und Naturstein an den hohen Theken und runden Tischen – nicht sehr geeignet, um ausgiebig zu „loungen", aber hervorragend für eine Bier- und Fast-Food-Bar, deren Gäste nur kurz verweilen. Die runden Tische am Rand des Raums haben zweifarbige Holz-Tischplatten, passend zum Zedern- und Eichenholzton der Vertäfelung. Die Bar hat an drei Seiten Fenster, und im Sommer können die Gäste auch draußen sitzen.

Mink Bar
Prince of Wales Hotel
Melbourne, Australien
Wayne Finschi, 1999

Oben links:
Eines der gemütlichen Nebenzimmer, in denen die Hautevolee sich hinter Samtvorhängen zurückziehen kann.

Oben rechts:
Russische Poster und Propagandaplakate zieren den Raum.

Links:
„Back in the USSR": die Main Bar ist schlicht und funktionell, mit einfachen Holzmöbeln und schnöden Putzwänden.

Zu einer modernen Stadt gehört heute auch eine russisch angehauchte Wodka- und Kaviarbar. Das Melbourner Lokal im sowjetischen Stil liegt im Untergeschoß des Hotels *Prince of Wales*. Mit der *Mink Bar* stellt der Designer Wayne Finschi funktionelles Dekor in der Main Bar, retroklassisches Design in der Lounge und Plüsch-Dekadenz in den samtgefütterten Logen gegenüber.

Der Designer erklärt dazu: „Die Innenausstattung ist bewußt schlicht – eine einfache Kellerbar. Wir haben schmale Fensteröffnungen gelassen, die die Räume miteinander verbinden und durch die man diskret Leute beobachten kann." Quadratische Lampen aus geschmiedetem Stahl und Glas erleuchten die Wandöffnungen mit einem warmen Schein. Eichenparkett, Lederbänke und einfache Holzstühle und -tische sorgen für eine auf Hochglanz polierte aber funktionelle Optik in der Main Bar, mit authentischen russischen Postern und Propagandaplakaten.

Die gedämpft beleuchtete Lounge ist mit altmodischen Ledersofas möbliert, und Karl Marx, der große kommunistische Meister, blickt von der Wand herab. Fernab des arbeitenden Volkes können Gäste mit elitärer Gesinnung sich in eines der „Retreats", der Nebenzimmer, zurückziehen. Diese prachtvollen Träume aus violettem und rotem Samt bieten nur wenigen, ausgewählten Personen Platz. Ein kurzer Zug an einem Samtseil schließt die Öffentlichkeit aus, und ein Knopfdruck läßt das Schild „Do not disturb" aufleuchten – das genügt, um das Proletariat abzuschrekken. Jedenfalls bis zur nächsten Revolution.

Hudson Hotel Bar

New York, USA
Philippe Starck, 2000

Platz fürs Tanzbein: Schragers Disco-Vermächtnis aus den 1970er Jahren und sein Wunsch, Hotels zu den Nightclubs der 1990er zu machen, treffen in der *Hudson Hotel Bar* auf Starcks kitschigen und surrealen Stil.

Skizze:
Die Library ist eine Alternative zur Main Bar. An den Wänden stehen Bücher, es gibt Flachbildschirme und einen 75 Jahre alten Billardtisch, der von einer großen Kuppellampe von Ingo Maurer beleuchtet wird.

Rechts:
Die Gäste gelangen über eine gläsern eingefaßte und gelbgrün beleuchtete Rolltreppe in die Lobby und zur Bar.

Das 1000 Zimmer große *Hudson Hotel* ist nach über zehn Jahren Ian Schragers erstes Hotel in Manhattan, und die Bar ist sowohl bei Hotelgästen als auch bei New Yorker Bürgern ein echter Hit. Der Stardesigner Philippe Starck zeichnet für das gesamte Design verantwortlich, das Schrager als „organisiertes Chaos – eine Reflexion und Destillation von New York, ein Schmelztiegel von Stilrichtungen und Ideen – draufgängerisch, lebendig und unmittelbar" beschreibt. Die Gäste erreichen die Lobby und die Bar über eine gelbgrün beleuchtete, verglaste Rolltreppe, die parallel zur Treppe verläuft.

Die *Hudson Hotel Bar* ist vielleicht die „discomäßigste" Hotelbar überhaupt – der Boden leuchtet wie in *Saturday Night Fever*. Schrager wollte Hotels zu den Nightclubs der 1990er machen, und seine Bar kann sogar als Hommage an sein legendäres *Studio 54* verstanden werden. Ein kitschiges, aber schickes Sammelsurium von Objekten, die als Möbel daherkommen, steht auf dem blendenden Fußboden verstreut – Louis-XV-Stühle, ein Holzbalken, aus dem Stuhllehnen wachsen und ein paar Sofas, die sich in vergoldete Nischen in der roten Backsteinwand schmiegen. Plexiglashocker, Tische, die wie riesige, klare Vasen wirken und Tische und Stühle mit durchsichtigen Kunststoffbeinen schaffen eine transparente Atmosphäre. Ein abstraktes Gemälde des Künstlers Francesco Clemente belebt die Decke mit einer phantasmagorischen Szene. Hinter der langen, freistehenden Marmortheke stehen zwei antike Kleiderschränke, die als Back Bar dienen. Starcks Interieurs werden oft als surreal beschrieben, und diese Ansicht teilt er gerne.

In einem Interview mit der Zeitschrift *Bare* (März-April 2001) sagt er: „Mein wichtigstes Werkzeug ist der Surrealismus. Er ist freundlich und auf verschiedenen Wahrnehmungsebenen zugänglich. Deswegen setze ich überdimensionierte Objekte und Farben wie scheußliches Grün ein – um fruchtbare Überraschungen zu schaffen."

Die *Hudson Hotel Bar* ist ein gutes Beispiel für das Konzept des „Hotels als Theater", das Schrager und Starck bereits in den 1980er Jahren mit dem *Royalton Hotel* entworfen hatten. Diese Bar geht noch darüber hinaus und verkörpert die Idee der Hotelbar als „beleuchtete Showvitrine", in der die schillernden Gäste ausgestellt werden, die „Boutique-Hotels" mögen und die gerne mit der Vorstellung „man ist, wo man schläft" – oder hier: „wo man trinkt" – feiern, posieren und sich in Szene setzen.

Mandarin Bar
Mandarin Oriental London
London, Großbritannien
Adam Tihany, 2000

Rechts:
Die Gäste erreichen das Restaurant von der Bar aus über einen Weingang.

Links:
Die Catwalk Bar schimmert unter der versilberten Decke. Die Barkeeper ziehen sich zum Mixen der Drinks hinter die Glaskästen zurück.

Die kürzlich fertiggestellte Bar im *Mandarin Oriental Hyde Park Hotel* in London leuchtet im wörtlichen Sinne. Die Catwalk Bar aalt sich unter der schimmernden, versilberten Kassettendecke. Es gibt keine Back Bar, nur eine schlichte, klare Piste, die zu fast 360° bedient werden kann. Zum Vorbereiten der Drinks ziehen sich die Barkeeper durch die Tür hinter die gesandstrahlten Glasboxen zurück, die von hinten dramatisch angeleuchtet werden und die farbenprächtigen Flaschen zur Geltung bringen. Der New Yorker Designer Adam Tihany gestaltete und renovierte auch die beiden dazugehörigen Restaurants *Park* und *Foliage*. Letzteres ist über einen Weingang mit der Bar verbunden. Weinflaschen stapeln sich in Glasregalen in klaren, gläsernen „Wine Rooms" (nach rot und weiß getrennt) entlang des Gangs. Die Glasfassaden der Räume liegen auf einer diagonalen Achse und bilden dadurch einen trichterförmigen Gang, der sich zum Restaurant hin weitet.

Tihany hat in der Bar eine ganze Reihe gestalterischer Mittel eingesetzt, um Raum zu gewinnen oder zumindest den relativ kleinen Raum optisch zu vergrößern. Am offensichtlichsten sind die verspiegelten Wände, aber auch die beigen, seidenbespannten Elemente, die an der Wand angebracht sind und die dahinter eingelassenen Lampen verbergen. Sie strahlen die orange Wand an und sorgen so für üppiges, warmes Licht und erzeugen gleichzeitig eine Illusion von Tiefe. In der Mitte dieser Wandelemente befinden sich kleine Vitrinen, in denen verschiedene Gegenstände ausgestellt werden, die mit Getränken zu tun haben – Korkenzieher, historische Cocktail-Accessoires und ein Martiniglas, das Tihany für Christofle Silber entworfen hat.

Das wichtigste Element im Raum ist die Bar. Die Barhocker haben weiche, karamelfarbene Ledersitze, und in die dunkle Marmortheke sind quadratische, von unten beleuchtete kleine Glasscheiben eingesetzt, die die quadratische Form der Wandvitrinen wieder aufnehmen und den Gästen an der Bar sanftes Licht spenden. Das beleuchtete, durchscheinende Flaschenregal, das die übliche Back Bar ersetzt, macht die Getränke fast zu Ikonen. Die Spots dahinter sind direkt auf die Flaschen gerichtet, die den Gästen in der Bar dadurch größer erscheinen, als sie wirklich sind.

Ein kleines Rauchzimmer neben der Bar bietet bis zu zehn Personen eine privatere Atmosphäre. Glänzendes Makassar-Ebenholz umrahmt den Eingang zu diesem gedämpfteren Bereich, in dem die Wände mit tabakbraunem Leder bezogen sind und die Loungesessel an Art déco erinnern. Die dezente, herbstliche Farbpalette von Braun-, Gelb- und Ockertönen sorgt in Kombination mit der diffusen Beleuchtung und den Materialien und Beschaffenheiten wie französischem Kalksteinboden, Ledersofas und Clubsesseln für ein elegantes Understatement, das sehr gut in den Stadtteil Knightsbridge paßt.

Links:
Die Lampen hinter den schräg angeordneten Wandpaneelen schaffen eine Illusion von Tiefe.

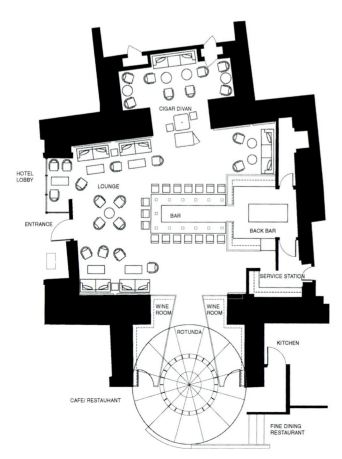

Grundriß:
Das Lounge-Mobiliar steht am Rand des Raums. Neben der Bar liegt ein kleines Rauchzimmer.

Rechts:
Die Alkoholflaschen hinter durchscheinendem Glas, die von hinten beleuchtet werden, erscheinen wie Ikonen und wirken größer als sie sind.

The Church Lounge
TriBeCa Grand Hotel
New York, USA
Bogdanow Partners, 2000

Links:
Die dreieckige Bar mit ihrer gewellten Kupferfront und der Theke aus Bergahorn bildet das Herz des Raums.

Grundriß:
In dem dreieckigen Raum liegen Rezeption, Aufzüge, Lobby Lounge, Restaurant und Bar.

Ganz rechts:
Hirnholzbahnen im Mesquite-Fischgrätparkett weisen den Weg.

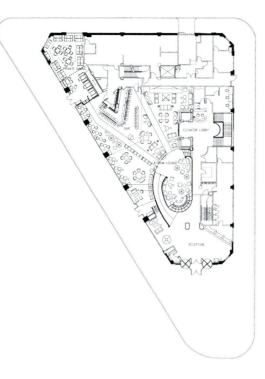

Das *TriBeCa Grand* und das *SoHo Grand*, sein großer Bruder, gehören den Geschäftspartnern Leonard und Emanuel Stern (Vater und Sohn) von Hartz Mountain Industries Inc. Die Architekturabteilung ihres Hauses entwarf das Hotel als acht Stockwerke hohes, dreieckiges Gebäude mit einem großen Atrium in der Mitte, das genau den Kern des *TriBeCa* (Triangle Below Canal Street) trifft. Die Architekten von Bogdanow Partners gestalteten die öffentlich zugänglichen Räumlichkeiten im Innern.

Sowohl Kunden als auch Architekten wünschten sich ein Hotel, das einzigartig und typisch für das TriBeCa sein sollte, einen Ort, der für Gäste und Anwohner gleichermaßen inspirierend sein sollte, und der sozusagen zum „Dorfplatz des TriBeCa" werden sollte, so Emanuel Stern. Die Sterns wollten die regionale gußeiserne Architektur beibehalten, mit hohen Decken, viel Licht und eleganten Linien. Daher das offene Atrium mit den gußeisernen Details und den Dachfenstern in 24 m Höhe, durch deren gefrostetes Glas tagsüber das Sonnenlicht dringt, und nachts, bei sanfter Beleuchtung, das Sternengefunkel.

Die Architekten von Bogdanow sollten die Rezeption in die Lobby übergehen lassen, die außerdem als Lounge, Warteraum, Bar, Restaurant und Treffpunkt fungieren sollte. Die Gäste betreten das Gebäude von der White Street aus, und die 930 m² große Lobby und *Church Lounge* breiten sich vor ihnen aus. Die Lounge erreicht man über eine drei Meter lange, zweigeteilte Steinrampe, die um eine Sitzgruppe herum abwärts führt.

Der Platz in der *Church Lounge* ist gut durchorganisiert. Sitzbereiche und Wege sind auf dem Fußboden durch dunklere Bahnen aus Douglastannen-Hirnholz, die sich von dem umgebenden Mesquite-Fischgrätboden abheben, klar definiert. Vor der Bar stehen drei große Sitzgruppen, die Bar selbst liegt am anderen Ende des Raums. Die erste Sitzgruppe wird von der geschwungenen Rampe umschlungen, eine andere wird durch die Stahlmaschen der Aufzugskäfige eingegrenzt und gruppiert sich um den „Kamin" herum – 66 flackernde Paraffin-„Kerzen" vor Bronzefliesen. Der Kamin ist sieben Meter lang und fünf Meter hoch und ist von einem Rahmen aus Leinwandbaum umgeben, darüber liegen gemusterte Furnierpaneele. Die dritte Sitzgruppe befindet sich unter einem hohen Alkoven, der durch eine überhängende Galerie gebildet wird.

Bogdanow fertigten einen Großteil des Mobiliars eigens an, um mit kleinen, leichten Möbeln für Flexibilität sorgen zu können. Elemente wie die hölzernen Zylinder, die als Tische oder Hocker benutzt werden können, oder die viktorianischen Fransenpuffe ermöglichen es den Gästen, ihre Sitzplätze nach Wunsch zu arrangieren. Es gibt verschiedenste Möbel, von Caféstühlen über gemütliche Loungesessel, Polsterstühle und Sofas bis hin zu kleinen Zweiersofas mit burgunderroten, pflaumenfarbenen, kupfernen und blauen Polstern. Auf den Tischplatten finden sich Glasmalereien des Künstlers John Gerard, der auch die Glasscheiben der beiden Aufzüge gestaltete. Über die gesamte Westwand, die parallel zur Avenue of the Americas verläuft, hängen rot-goldene Crinkle-Vorhänge aus Seidenorganza, die nachts schimmern und dem Raum Glanz und Wärme verleihen. Diese Vorhänge sind von außen undurchsichtig, von innen kann man aber hinaussehen.

Die dreieckige Bar ist das Herzstück der *Church Lounge* und liegt unter einem verstärkten Glasdach. Die Front der Bar besteht aus lackiertem, gewellten Kupfer, die Theke aus Bergahorn mit Ebenholz-Eschefinish. Um die Bar herum und am Tisch rechts davon stehen olivgrün bezogene Barhocker – beide, Bar und Tisch, sind mit einem leuchtenden Lichtstreifen versehen. Im Dach liegen Lichtschienen, die den Raum gemütlich machen und ein Ventilationssystem verbergen, das einen „Luftvorhang" um die Bar herum aufbaut. Um den Barraum herum wird Frischluft zugeführt, und verrauchte Luft wird von den Ventilatoren in der Mitte des Raumes, hinter und über der Back Bar, angesogen, so daß die außen liegende Lounge rauchfrei bleibt.

Das Licht stammt aus unterschiedlichen Quellen. 70 Lichtsäulen steigen hoch auf und betonen auf dramatische Weise die Dachfenster. Oben im Atrium und in der ganzen Lobby sind Punktstrahler angebracht. Es gibt Wandleuchten und direkte Beleuchtung aus den Soffitten an der westlichen Wand, die die Restaurantbereiche erhellt. Kerzenlicht auf allen Tischen schafft trotz der Größe des Raums eine gemütliche Atmosphäre.

Clubs

B 018/The Bomb/The Supperclub/Next/Chinawhite/Jazz Matazz/
Man Ray/Bar Nil/Astro/Embassy/Lux/Zeppelin/Disco/Float/Zoom/
Café L'Atlantique/NASA/Caribou Hangar Bar

Beirut, Libanon
Bernard Khoury, 1998

Links:
Der unterirdische Bunker-Club liegt neben einer Hauptverkehrsstraße im Bezirk „Rivers of Beirut" in der libanesischen Hauptstadt.

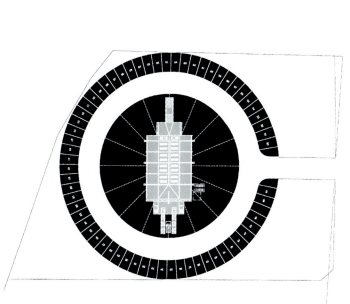

Wenn es beim Clubbing um Flucht aus dem Alltag geht, dann ist es kein Wunder, daß viele der erfolgreichsten und beliebtesten Clubs der Welt unter der Erde liegen. Andererseits gibt es natürlich auch viele Open-Air-Wonderlands, in denen man unter den Sternen tanzen kann. Das *B 018* ist ein Meisterwerk des Designs, das beides bietet. Der riesige unterirdische Bunker mit dem ausfahrbaren Dach entstand nach einer Idee von Bernard Khoury und dem Musiker Nagi Gebrane und liegt tief unter Beirut. Er wurde in sechs Monaten gebaut und eröffnete im April 1998.

Das *B 018* hat eine Geschichte. In den Beiruter Kriegsjahren hatte Gebrane in seinem eigenen Apartment einen Club namens *Musical Therapy* betrieben. Er bekam den Codenamen *B 018*, weil er 18 km nördlich der Hauptstadt lag. Der Club wurde zwischen 1993 und 1997 bekannt, als Gebrane ihn öffentlich machte und in ein Industriegebiet in einem Vorort umzog. Das neue *B 018* liegt in „La Quarantaine", einem Gebiet in der Nähe des Hafens, neben einer vielbefahrenen Straße und dem dicht besiedelten Stadtteil „Rivers of Beirut". Der Club wird am 8. November 2003 schließen, wenn der Mietvertrag ausläuft.

Luftaufnahmen des *B 018* zeigen eine brutale, militärische Fassade, wie ein riesiges industrielles Pendant zu den Kornkreisen oder ein in Beton gebetteter Atombunker. Das metallene Gebilde in der Mitte ist das Dach des Clubs, um das eine Straße mit 64 Parkplätzen herumführt. Strahler auf dem Boden kennzeichnen die Parkplätze und bilden nachts einen überwältigenden Heiligenschein um das

Grundriß:
Das ausfahrbare Dach des Clubs ist von einer kreisförmigen Straße und 64 Parkplätzen umgeben. Nachts bilden die Strahler im Boden einen überwältigenden Heiligenschein.

Zeichnung:
Die weißen Tischblöcke wirken mit ihren Musikerportraits wie Grabstätten. Nachts leuchten die Tische von innen heraus.

Rechts:
Die altarähnliche Bar wird von monumentalen, schwenkbaren Barhockern mit Rückenlehnen aus Mahagonilaminat bewacht, die nach dem Himmel zu greifen scheinen.

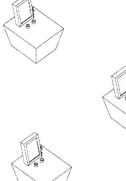

B 018 herum, der den Eindruck vermittelt, ein Raumschiff sei gelandet.

Im Interieur wird funktionelles und utilitäres Design mit einem Hauch von Luxus und Eleganz vermischt. Eine Treppe führt in eine höhlenartige Halle mit dunkel vertäfelten Mahagoni-Wänden und theatralischen roten Vorhängen. Der erhöht stehende „Altar" am einen Ende des Raums ist die Bar, die von zehn fest installierten, schwenkbaren Barhockern mit hohen Rückenlehnen, die nach dem Himmel zu greifen scheinen, bewacht wird. Die Barhocker sind zwei Meter hoch; der Rahmen besteht aus Mahagonilaminat, die Sitzfläche ist mit Leder gepolstert und die Fußstütze besteht aus Massivholz. Halogenlampen an beiden Seiten der geschwungenen Enden funkeln nachts dramatisch.

Gebranes Vorliebe für die Musik zeigt sich im Mobiliar, das auf den ersten Blick einfach eine Reihe von Marmorblöcken und Holzboxen zu sein scheint. Bei näherer Betrachtung ähneln letztere aber eher Instrumentenkoffern oder sogar Särgen, obwohl sie als Tanzflächen genutzt werden. In die stahlumrahmten Mahagoniboxen ist ein Schließmechanismus integriert, mit dessen Hilfe sie sich in Sofas und Sessel mit plüschigen roten Samtsitzen verwandeln lassen. Als Kontrast zu dem dekadenten Holz und Samt besteht der Fußboden aus robusten Betonplatten, die die Gäste daran erinnern, daß sie sich nicht nur in einem Innenraum, sondern ebenso unter freiem Himmel befinden.

Vorige Seite und rechts:
Nachts wird das Dach hydraulisch ausgefahren. In der verspiegelten Klappe über der Bar wird das Leben draußen reflektiert.

Zeichnung:
Mahagoniboxen, die wie Instrumentenkoffer wirken, fungieren als Tanzflächen, lassen sich aber auch zu plüschigen Samtsitzen aufklappen.

Durch die fest auf den Tischen installierten Mahagonirahmen mit Portraits von Musikerlegenden wie Charles Mingus, Miles Davis, Billie Holiday oder Charlie Parker wirken die kastenförmigen weißen Tische wie Grabmale. Dazu tragen auch die integrierte Aluminiumvase und der Kerzenhalter bei, die jeden Abend neu mit einer Rose und einer Kerze bestückt werden. Nach Einbruch der Dunkelheit werden die hohlen Blöcke jedoch zu lebendigen, leuchtenden Lichtboxen.

Das Dach ist die Krone des Ganzen – die Stahlkonstruktion besteht aus fünf hydraulisch beweglichen Elementen, einer Klappe und vier Schiebesegmenten. Wenn die Seitenteile geöffnet sind, sieht man von unten ein Stück Himmel. Wenn die 26 m² große, verspiegelte Klappe in einem bestimmten Winkel aufgestellt wird, spiegeln sich darin unzählige Dinge – die Lichter des Parkkreises und die der Straße, dahinter die Gebäude im Stadtteil „Rivers", vermischt mit einer Luftaufnahme des Clubs selbst. Den vorbeifahrenden Autofahrern projiziert der Club das Leben, die Farbe und die Energie von drinnen nach draußen. Im B 018 hebt wirklich das Dach ab.

Nottingham, Großbritannien
Lief Design, 1997

The Bomb

Links:
Es gibt zwei Tanzflächen und drei Bars, aber auch kleinere Ecken ohne Lautsprecher, in denen man sich fernab des Trubels unterhalten und entspannen kann.

Rechts und ganz rechts:
Verdeckte Beleuchtung, die von einem digitalen Lichtsystem gesteuert den Raum in wechselnde Farben taucht, bringt Leben in das unterirdische Labyrinth.

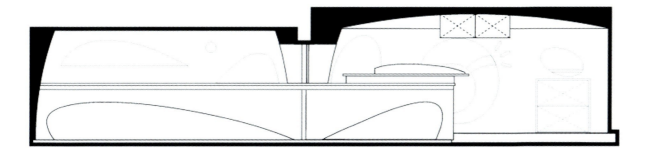

Grundriß:
Ausgehend von dem zur Verfügung stehenden Raum haben Lief Design geschwungene Formen gewählt, die die harten Winkel weicher machen, und verschiedene Ebenen und niedrige Decken angelegt.

Tief unter Nottingham liegt der Nightclub *The Bomb*. Das unterirdische Labyrinth, einst die miteinander verbundenen Sandstein-Keller viktorianischer Geschäfte, wird seit 1965 als Club genutzt. Bevor es als *The Bomb*, gestaltet von Lief Design, wiedergeboren wurde, lag hier der dunkle und schmuddelige Jazzclub *The Hippo*. Martin Vicker und Andy Harwood von Lief Design sollten den Raum komplett neu gestalten und etwas Zeitloses und Einzigartiges entwerfen. Im Gegenzug schlugen sie vor, auch eine andere Zielgruppe anzusprechen. Um den Raum zu öffnen, wurden größere bauliche Veränderungen vorgenommen. Lief entfernten die alte Club-Ausstattung und arbeiteten nur mit der äußeren Hülle. Die Toiletten wurden ins Untergeschoß verlegt, Öffnungen wurden, wo es möglich war, vergrößert, Säulen wurden entfernt und Träger verstärkt.

Um die willkürlichen Ecken, die unterschiedlichen Ebenen und die niedrigen Decken weicher zu gestalten, wurden geschwungene Linien und Formen eingesetzt. Das neue Interieur wurde wie ein Schiffsrumpf konstruiert, mit Formteilen und dünner Schichtverschalung aus dem Bootsbau, hinter der die Soundanlage und das Lüftungssystem versteckt sind. Das Resultat sind fünf miteinander verbundene Höhlen, davon zwei Tanzflächen und drei Bars. Man erreicht die Räumlichkeiten, in denen etwa 500 Personen Platz haben, über eine Treppe vom Eingang im Erdgeschoß aus.

Lief haben die Räume mit Breplasta getüncht, einem widerstandsfähigen Material aus weißem Marmor, Dolomit und Latex, das gewöhnlich in Gefängnissen verwendet wird. Das Breplasta wurde aufgespritzt, so daß viele unterschiedliche Struktureffekte entstanden. Die Haupttanzfläche besteht aus Yorkstein, die übrigen Fußböden des Clubs aus dem weicheren Dalsouple-Kautschukboden. Es gibt kleine Ecken für Gäste, die sich lieber entspannen und unterhalten möchten als zu tanzen. Dort stehen geschwungene, gepolsterte Sitzbänke, schlichte Prince-Aha-Hocker von Philippe Starck und maßgefertigte Lichtboxen als Tische aus recyceltem Kunststoff, und es gibt keine Lautsprecher.

Es ist die versteckte Beleuchtung, die die Bögen und Gewölbe in diesem abgedrehten Kokon zum Leben erweckt. Lief haben ein digitales Lichtsystem entworfen, in dem die Lichter sich drehen, so daß der Raum in unterschiedliche Farben getaucht wird. Diffuses Licht aus hinter runden Scheiben versteckten Halogenspots taucht die ruhigen Ecken in feuriges Rot oder kühles Blau. Das Ergebnis ist ein faszinierender Iglu, der in starken, lebendigen Farben leuchtet – ein futuristisches Labyrinth für das Millenniums-Clubbing.

Amsterdam, Niederlande
Concrete, 1999

The Supperclub

Links:
Essen ohne Schuhe auf zwei Ebenen: in einer komplett weißen Umgebung, die durch Beleuchtung in verschiedene Pastelltöne getaucht wird, können sich die Gäste auf den Betten zurücklehnen.

Rechts:
Unten bietet eine Reihe von Sitznischen den Gästen eine intimere Atmosphäre.

Im *Supperclub* zu essen ist eine dekadente Angelegenheit. Vergessen Sie konventionelle Tische und Stühle – die meisten Gäste lehnen sich auf weißen Matratzen in große, weiße Kissen und saugen das pastellfarbene Licht auf, das ständig seine Farbe verändert. Zwei große, weiß pulverbeschichtete Stahlkonstruktionen stehen an beiden Seiten des Raums, und darauf haben die meisten Gäste Platz. Sie müssen die Schuhe ausziehen, ehe sie die Podeste erklimmen, die wie zwei riesige Etagenbetten aussehen. Mit den Schuhen legen die Gäste auch Hemmungen ab, und es herrscht eine Chill-out- oder Lounge-Atmosphäre.

Wie bei vielen anderen aufregenden Nightclubs ist auch der Eingang zum *Supperclub* so unauffällig wie der zu einer Flüsterkneipe. Er besteht aus einer einfachen Tür mit kleinen Messing-Namensschildern irgendwo in einer Allee mit Kopfsteinpflaster mitten in der Stadt. Die Gäste müssen klingeln, um eingelassen zu werden. Das Amsterdamer Design-Team Concrete von Rob Wagemans und Gilian Schrofer zeichnet für das aktuelle Erscheinungsbild des *Supperclub* verantwortlich. Laut Wagemans war das Gebäude aus dem 18. Jahrhundert ursprünglich eine Teestube und wurde Anfang der 1990er Jahre zu einem Geschäft umgebaut. Seit sieben Jahren ist es nun ein Restaurant mit künstlerischer Klientel. Als es vor ein paar Jahren an seinen neuen Eigentümer verkauft wurde, trat man mit der Bitte an Concrete heran, es „profitabler und moderner" zu machen, und zwar mit dem grundlegenden Konzept, daß man sich zum Essen hinlegt. Da das Gebäude unter Denkmalschutz steht, konnten Concrete an der

Links:
Die komplett schwarzen, nach „Hetero" und „Homo" getrennten Toilettenräume sind als Treffpunkte angelegt. Die beleuchteten Bullaugen sollen die Schaulust anregen.

Rechts:
In der Red Bar unter dem Restaurant befinden sich Stangen wie für Go-Go-Girls, die bei extrovertierten Gästen großen Anklang finden.

Innenarchitektur nicht viel verändern. Sie bauten die Etagenbetten daher als freistehende Konstruktionen, deren oberes Stockwerk man über eine fest installierte Leiter mit durchsichtigen Stufen erreicht.

VJ- und DJ-Boxen wurden hinzugefügt, und über der Durchreiche zur Küche wurde eine Leinwand installiert. Eine Hälfte der Theke ist eine Warmhalteplatte, so daß viele Gerichte gleichzeitig zubereitet werden können. Das Personal springt auf die Ecke der Theke, um den Kollegen, die im oberen „Bett" bedienen, Teller heraufzureichen. Die Gäste essen entweder auf dem Schoß oder von silbernen Tabletts, die in regelmäßigen Abständen auf den Matratzen plaziert sind. In der Mitte des Raums kann man auch auf konventionelle Weise an schlichten, runden weißen Tischen und weißen Verner-Panton-Stühlen speisen.

Von der kleinen Lobby außerhalb des Restaurants führt eine geschwungene Marmortreppe in die Red Bar hinunter, die etwa 60 Personen Platz bietet. Die Toiletten sind mit „Hetero" und „Homo" gekennzeichnet anstatt des üblichen „Damen" und „Herren". Wagemans erklärt, daß die Toilettenräume komplett schwarz ausgestattet sind, weil „es Mut erfordert, in diesem üblicherweise weißen Raum Leute kennenzulernen, also haben wir die Toiletten eher als Treffpunkte gestaltet." Daher gibt es auch anstelle von Badezimmerspiegeln gläserne, erleuchtete Bullaugen über den Waschbecken. Durch die Bullaugen können Gäste, die zur Red Bar durchgehen, schon einmal einen Blick auf mögliche Flirtpartner werfen.

Wagemans beschreibt die Red Bar als „Déjà-vu-Erlebnis". An den Wänden hängen rote Vorhänge wie in den 1960er Jahren, und es gibt eine große „BAR"-Leuchtschrift und Stangen wie für Go-Go-Girls. Sie gehörten früher zu einer wuchtigen, tragenden Wand, die Concrete in schmalere Säulen aufgeteilt hat, um die Atmosphäre zu erhalten. Offensichtlich tanzen viele Gäste gerne um diese Stangen herum und bestätigen damit Wagemans' Designphilosophie: „Wir versuchen die Leute aus der Reserve zu locken." Jenseits der Bar liegt ein weißer Raum mit vier tiefen Nischen mit Bänken und Vorhängen aus Vinyl. Auch hier ist alles weiß und bildet die Leinwand für wechselnde Lichteffekte.

Der *Supperclub* ist zwar vorgeblich ein Restaurant, aber die DJs und Livemusik schaffen doch eine Nightclub-Atmosphäre. Am Ende der Nacht tanzen die Gäste oft auf sämtlichen Betten. Der Club ist ein Refugium, so Wagemans, in dem man „all seine Sorgen vergessen kann". Tatsächlich holt die Realität einen dann wieder ein, wenn man bezahlt. Der *Supperclub* inspirierte das *B.E.D.* in Miami, einen weiteren Boudoir-Club. Weitere *Supperclubs* sind in London und Rom geplant, sehr zur Freude der Doyens der Club-Szene.

Matosinhos, Portugal
Alvarinho Siza, 1998

Next

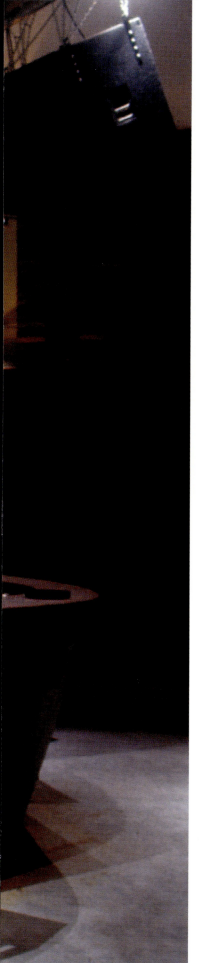

Links:
Geschwungene Theken, die von Richard Serras Skulpturen inspiriert sind, heben sich von dem nackten Backstein und Holz des Lagerhallen-Clubs ab.

Grundriß:
Das *Next* besteht aus einem großen Hauptschiff mit drei freistehenden Bars und zwei kleineren Nebengebäuden.

Rechts:
Die ungewöhnliche Decke in der Eingangslobby, durch die man ein Stückchen Tageslicht oder Nachthimmel sehen kann, sieht aus wie die Blende einer Kamera.

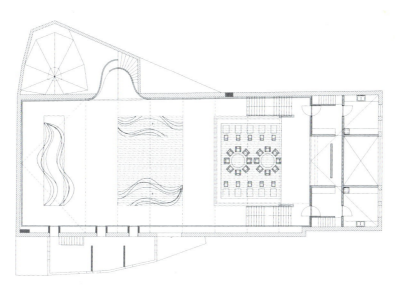

Seit Ende der 1970er oder Anfang der 1980er Jahre wurden neue Nightclubs in ausgedienten Industriegebäuden eröffnet – in leeren Lagerhäusern, Eisenbahnhallen und Lofts. Der Trend stammt aus den USA, von den schöpferischen Schwulen- und frühen House-Clubs wie *The Loft* oder *Paradise Garage* in Manhattan, New York, oder der *Music Box* in Chicago – Clubs, die später Ben Kelly beim Design der legendären *Haçienda* in Manchester inspirierten und im weiteren das Design des Londoner *Ministry of Sound* beeinflußten. Es ging dabei nicht um auffälliges, luxuriöses Design, sondern darum, die beste Soundqualität und Musiktechnik zu bieten. Die Musik hatte alles unter Kontrolle, die Gäste tanzten bis in die Morgendämmerung, oft vollgepumpt mit Drogen.

Obwohl die Cocktaillounge eine Renaissance erlebt und es einen klaren Trend hin zu luxuriös designten Bars gibt, bestehen die rauhen, industriellen Clubs mit nackten Backsteinwänden auch weiterhin, etwa der Londoner Club *Fabric* oder Lounge-Lagerhallen-Kombinationen wie das *Lot 61* in New York oder das *Lux* (s. S. 164) in Lissabon. Das *Next* in Portugal ist ein direkter Nachkomme der frühen industriellen Danceclubs. Der Architekt Alvarinho Siza hatte den Auftrag, „die herrlichen bestehenden Räumlichkeiten des Gebäudes neu zu gestalten", das als Lagerhalle gebaut worden war. Daher rühren die rohen Backsteinwände, hinter denen die Belüftungsschächte und Kabel versteckt sind. Sie fungieren außerdem als Schallschutz und verbessern die Akustik im Raum.

Das *Next* besteht aus einem großen Hauptschiff und zwei kleineren Nebengebäuden – in einem liegt der Haupteingang, in dem anderen die Personalräume. Von außen wirkt der Club wie eine Scheune, mit einem schlichten Eingang und einfachen Sandputzfassaden. Das Gebäude sollte sich in seine historische Umgebung in Matosinhos einpassen. Das Budget war begrenzt, daher entschied Siza sich für den Ansatz „weniger ist mehr" und betonte vor allem die Qualitäten des vorhandenen Hauptschiffs, wählte haltbare Materialien wie Beton und Kiefernholz für den Fußboden und Metall für die Bars.

Die Inspiration für das *Next* schöpfte er aus verschiedenen Quellen, „von einer Discothek namens *Estado Novo* (die er selbst gestaltet hat) und aus Arbeiten von John Pawson, Donald Judd und Richard Serra". Vor allem die geschwungenen Bars sind von Serras Skulpturen beeinflußt, ihre weichen Kurven heben sich besonders von der kargen Umgebung ab. „Die traditionelle Backsteinarchitektur in den USA und die anonyme Architektur Großbritanniens" durchdringen seine Arbeit ebenfalls, sagt Siza. Das erklärt vielleicht die Ähnlichkeit zwischen dem *Next* und den originären Industrie-Clubs 20 Jahre zuvor.

London, Großbritannien
Satmoko Ball, 1998

Chinawhite

Links:
Der Main Room ist ein Farbspektakel aus balinesischen Schirmen, Rohseidenkissen, indonesischen Teakmöbeln und Alkoven im Beduinenstil.

Oben:
Die Wand im Gang besteht aus Kalksteinplatten, in die von Hand das chinesische Zeichen für Wohlstand gehauen wurde.

Gerade als die Londoner keine Lust mehr auf noch eine monochrome, „klassisch moderne" Bar hatten, kam eine exotische Welle üppig und dekadent ausgestatteter Bars und Clubs, die die britische Hauptstadt vor der Übermüdung durch Minimalismus rettete. Einer dieser Neuankömmlinge war das *Chinawhite*, das 1998 eröffnete und einen Überschwang an Rohseide, kräftigen Farben und orientalischen Artefakten über den ausladenden Raum im Untergeschoß ergoß – aber nur für diejenigen, die das Glück haben, über die gut bewachte Schwelle treten zu dürfen. Der Club liegt in der Nähe von Piccadilly Circus, einer Gegend, die für ihr Nachtleben bekannt ist. Den dezenten Eingang erkennt man an einem kleinen Schaufenster in der Wand, das das chinesische Zeichen für Wohlstand zeigt – ein Motiv, das sich durch das gesamte Interieur zieht.

Vom Eingang aus führt eine mit Kalkstein gekachelte Treppe hinunter in die Lobby, von der aus man sich entweder nach links in den Main Room begibt oder nach rechts in den Wu Wu Chill-out-Room, der auch als privater Partyraum zur Verfügung steht. Die Innenarchitektin Cara Satmoko von Satmoko Ball hat die Wände im Gang natürlich belassen; passend zum asiatischen Thema besteht eine Wand aus sandfarbenen Kalksteinplatten, in die von Hand das Zeichen für Wohlstand gehauen wurde.

Der Main Room verfügt über Teakparkett und quillt über vor Farben auf balinesischen Schirmen, rohseidenen Kissen, die großzügig über gepolsterte Sitzbänke und indonesische Teakmöbel verteilt sind, und durchsichtigen Draperien über

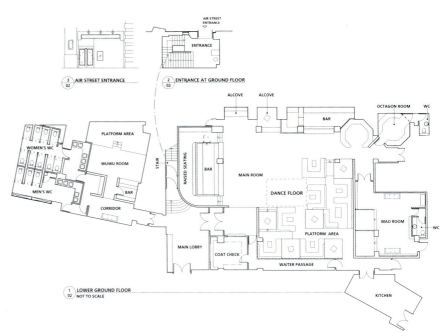

Grundriß:
Der weitläufige Club im Untergeschoß hat einen Main Room mit zwei Bars und zwei weitere Räume – den Wu Wu mit einer eigenen Bar und den Mao Room für VIPs mit eigenem WC. In allen Räumen befinden sich Sitzpodeste.

Alkoven im Beduinenstil mit Liegesofas und noch mehr Kissen. Auf einer Reihe balinesisch inspirierter Sitzpodeste stehen kleine, niedrige, mit Kerzen beleuchtete Tische, so daß die verschiedenen Ebenen immer wieder unterschiedliche Blickwinkel eröffnen. Es gibt zwei Kalksteinbars, die größere mit einer komplizierten, handgemeißelten Front. Dahinter befindet sich eine erhöhte Sitzfläche.

Jenseits des Main Room liegt die VIP-Bar Mao, die etwa 50 Personen Platz bietet und über ein eigenes Soundsystem und eine eigene Toilette verfügt. Antike chinesische Möbel sorgen für ein etwas förmlicheres Ambiente. Das Sitzpodest wird von kunstvoll geschnitzten Paravents flankiert, und die Wände sind schimmernd schwarz lackiert. Traditionelle chinesische Kunst vermischt sich hier mit einem modernen, an Warhol erinnernden Portrait von Mao Tse-tung. Diesem Raum gegenüber liegt der Octagon Snug, eine gemütliche Ecke für bis zu 14 Personen. Die Besitzer des *Chinawhite* beschreiben den Raum als „zeltartiges Schmuckkästchen" mit eigenem Buddhakopf. Der Snug kann entweder an die Soundanlage des Mao Room oder an die des Main Room angeschlossen werden.

Der Wu Wu Room liegt etwas abseits auf dem Weg zu den Toiletten. Er ist einfach gestaltet, ist mit einer kleinen Bar und im hinteren Teil einem Podest mit üppig gemusterten Teppichen und seidenen Kissen ausgestattet, so daß man gar nicht anders kann als sich entspannt zurücklehnen. Dieses Gefühl wird durch die Zeltbahnen verstärkt, die unter der Decke hängen; die Laternen und die gedämpfte Beleuchtung lassen den Raum wie die fernöstliche Version eines Basars erscheinen. Satmoko Ball haben das asiatische Thema bis in die Toilettenräume hinein fortgesetzt. Das Wasser aus dem Wasserhahn rinnt durch lange, grabenförmige Becken mit Kieselsteinen. Bei der Erfüllung ihres Auftrags, „einen Club zu schaffen, der wie kein anderer ist", hat Cara Satmoko gründlich gearbeitet.

Rechts:
Handgeschnitzte Holztüren mit dem Leitmotiv des Clubs führen in den Wu Wu Room.

Oben links:
Der Octagon Snug, ein zeltartiges „Schmuckkästchen", hat sogar einen eigenen Buddha.

Jazz Matazz

Barcelona, Spanien
Jubert-Santacana Architects, 1997

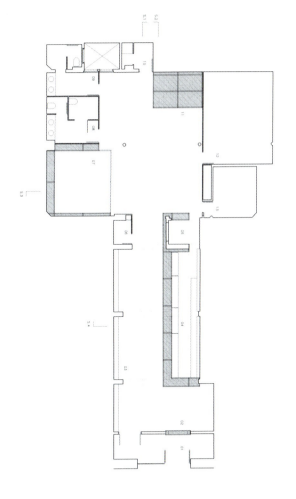

Links:
Die Bar ist eine große, bernsteinfarbene Lichtbox aus orangem Packpapier auf laminierten Glasplatten, die von hinten beleuchtet und von einem Edelstahlrahmen zusammengehalten werden.

Grundriß:
Die vier leuchtenden Elemente schaffen ein atmosphärisches, theatralisches Interieur. Sie entpuppten sich außerdem als beste Lösung für den seltsam geschnittenen Raum.

Lluis Jubert und Eugenia Santacanas Renovierung dieser Bar ist ein gutes Beispiel für innovatives Denken und ein Beleg dafür, daß auch mit minimalem Budget und in kürzester Zeit ein dramatischer Effekt erzielt werden kann. Ihr Auftrag war, die existierende Bar in einem neuen Vorort von Barcelona „so umzugestalten, daß unter Beibehaltung der laufenden Konzession ein völlig neues Image entsteht". Die neue Bar ist das *Jazz Matazz*, eine Music Bar mit Livemusik und gelegentlichen Ausstellungen. Die Architekten fanden einen unebenen, seltsam geschnittenen Raum im Erdgeschoß vor und entschieden sich für vier große Leuchtelemente, die den Raum in warmes Licht tauchen. Sie bilden eine theatralische Kulisse, gegen die sich die Silhouetten von Gästen, Personal und Musikern abheben.

Diese beleuchteten bernsteinfarbenen Konstruktionen sind einfach, aber wirkungsvoll. Alles Wichtige hebt sich von den umgebenden Wänden und Decken ab, die mit dunkelblauer Kunststoffarbe gestrichen sind. Die vier Lichtkästen, die Jubert-Santacana als „große Fenster, die die Blicke auf sich ziehen" beschreiben, bestehen aus farblosen, laminierten Glasscheiben in einem Rahmen aus zusammengelöteten, quadratischen Edelstahlrohren. Das gummierte orange Packpapier, mit dem die Scheiben von hinten beklebt sind, bestimmt Textur, Farbe und Licht. Das Licht stammt aus regulierbaren Leuchtstoffröhren hinter den opaken Scheiben. Aus der Entfernung wirkt das leuchtende Papier wie weitaus luxuriöseres Material, wie zartes Pergament oder fein gemasertes Holz.

Als erstes sieht man am Eingang das Element mit dem Namensschild der Bar, zwei Meter von der Fassade entfernt. Innen ist das bei weitem bemerkenswerteste Leuchtelement die elf Meter lange Bar, an der nur die Theke und die Flaschen im beleuchteten Regal etwas Farbe bringen. Zu der Konstruktion gehört auch ganz am Ende das DJ-Pult, das hinter einer Vertäfelung vom Boden bis zur Decke versteckt ist. Im hinteren Teil öffnet sich der Raum – links um die Ecke, gegenüber der Bar, liegt der Show Room, eine quadratische, mit transparenten Wänden abgeteilte Ecke, die als eine Art Ausstellungsraum fungiert. In einer anderen Ecke liegt, von viel Platz zum Tanzen umgeben, die leicht erhöhte Bühne als optische Fortsetzung der Bar.

Oben:
Die Silhouetten von Instrumenten vor dem orangen Licht der Bühne, vom DJ-Pult am Ende der Bar aus gesehen.

Paris, Frankreich
Miguel Cancio Martins Design, 1998

Man Ray

Links:
Der höhlenartige Raum steckt voller asiatisch beeinflußter Details, von der farbenfrohen Mandala-Decke über die musikalischen indischen Galionsfiguren bis hin zu den in sich ruhenden Büsten, die die beiden großen Ottomanen schmücken.

Oben:
Die Bar liegt im Zwischengeschoß. Die bunten Glasarbeiten auf der Theke und in der Back Bar ergänzen die üppigen Farben der Räumlichkeiten.

Der in Portugal geborene und in Paris lebende Architekt und Designer Miguel Cancio Martins hat vom Mittelmeer bis nach L.A. eine ganze Reihe von Bonnes Boîtes gestaltet, die bei Berühmtheiten und dem internationalen Jet-Set alle sehr beliebt sind. Zu seinen früheren Pariser Projekten zählen das *Barfly* und die vielgepriesene *Buddha Bar*. Das *Man Ray* liegt in der Nähe der Champs-Elysées und ist vermutlich öfter dank seiner berühmten Investoren – dem Simply-Red-Sänger Mick Hucknall und den Schauspielern Johnny Depp und Sean Penn – in den Zeitungen als wegen seines Designs. Der unterirdisch liegende Raum war vorher ein Kino. Martins sollte ein „Bar-Restaurant mit einem asiatischen Touch entwerfen", in dem auch größere Partys stattfinden können. Abgesehen davon hatte er einen Blankoscheck für das Design.

Obwohl es im Untergeschoß liegt, ist das *Man Ray* ein recht großer, höhlenartiger Raum. Die Bar liegt in einem Zwischengeschoß, und an der Wand entlang verläuft eine Galerie, von der aus man die unten sitzenden Gäste beim Essen beobachten kann. Schmale Treppen schlängeln sich von der Bar zum Restaurant hinunter, und auf der anderen Seite des großen Raums bietet ein Teich mit türkisblauen marokkanischen Kacheln eine kühle und beruhigende optische Erholung von den pastellorangen Wänden und den üppigen, vergoldeten Säulen im Speisebereich. Zwei riesige indische Musiker-Skulpturen ragen wie Galionsfiguren aus der Wand beiderseits des Teichs, der auch abgedeckt und als Bühne für Livekonzerte genutzt werden kann. Auf dem Balkon liegt auch das DJ-Pult, und an bestimmten Wochen-

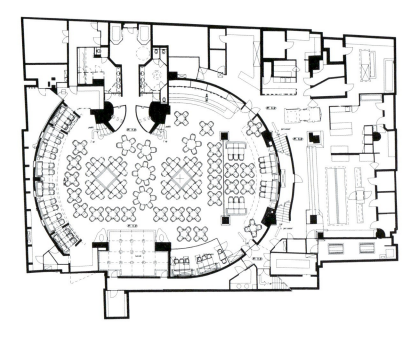

Grundriß:
Die Gestaltung des Raums lädt dazu ein, sich voyeuristisch zu verhalten und von der Galerie aus das Restaurant zu beobachten.

Rechts:
Die Hauptattraktion im *Man Ray* ist die beeindruckende Buntglasdecke in der Form eines Mandalas.

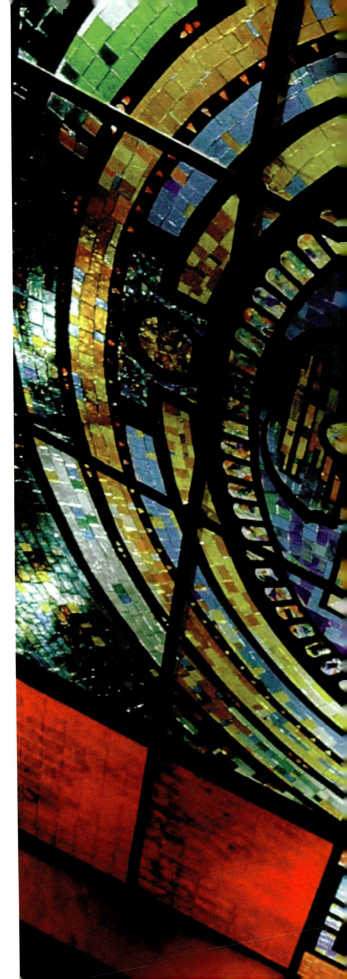

tagen werden die Tische um den Teich herum entfernt, damit Platz zum Tanzen ist.

Vier eigens angefertigte, reich verzierte Stoff-Kronleuchter lenken den Blick auf die Hauptattraktion, die beeindruckende Buntglasdecke in der Form eines Mandalas, die von hinten beleuchtet wird. Das Motiv wiederholt sich mehrfach im *Man Ray*, etwa im runden Design der Balkon- und Treppengeländer und in den bunten Glasscheiben auf der Theke und an der Back Bar. Die Möbel wurden ebenfalls extra angefertigt und sind luxuriösen asiatischen Hotelmöbeln nachempfunden – die niedrigen Loungesessel und Sofas in der Bar sind mit jadegrünen und gelben Stoffen mit orientalischen Schriftzügen gepolstert. Im Restaurant wird die symmetrische Anordnung der Sitzgelegenheiten von zwei sehr großen Ottomanen mit gepolsterten Rückenlehnen dominiert, die je drei in sich ruhende asiatische Büsten tragen. Dieses theatralische Bar-Restaurant ist für Gäste gemacht, die sehen und gesehen werden wollen. Vom Balkon bis zu der großen Treppe ist alles auf Voyeurismus ausgelegt.

Rom, Italien
Claudio Lazzarini und Carl Pickering, 2000

Bar Nil

Oben links und rechts:
Durch Videobilder in verschiedenen Farben und Mustern, die auf die weißen Vorhänge projiziert werden, verändern sich Stimmung und Atmosphäre.

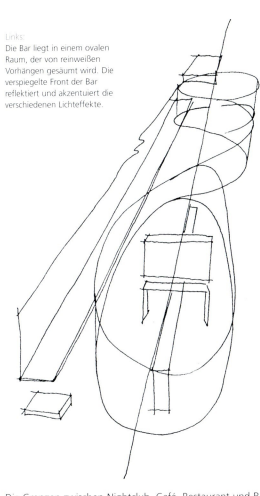

Links:
Die Bar liegt in einem ovalen Raum, der von reinweißen Vorhängen gesäumt wird. Die verspiegelte Front der Bar reflektiert und akzentuiert die verschiedenen Lichteffekte.

Skizze:
Diese Grafik zeigt das Fließen des Raums, das durch eine Reihe elektronisch gesteuerter Vorhänge erzeugt wird.

Die Grenzen zwischen Nightclub, Café, Restaurant und Bar verschwimmen. Es genügt nicht mehr, einen Ort für nur eine Aktivität anzubieten, denn der kosmopolitische, moderne Verbraucher möchte Auswahl haben. Als Reaktion darauf entstehen mehr und mehr Lokale, in denen Essen, Trinken und Tanzen nahtlos ineinander übergehen. Das maximiert den Profit und die Partys dauern länger. Das Design der *Bar Nil* in Rom ist exemplarisch für diesen „Vielzweck"-Ansatz.

Die Architekten Claudio Lazzarini und Carl Pickering hatten den Auftrag, „ein Bar-Restaurant zu entwerfen, das vom Aperitif bis zum Tanzen in den frühen Morgenstunden genutzt wird... mit internationalem Flair". Das Design erfüllt diesen Auftrag mittels flexibler Systeme wie elektronisch gesteuerter Vorhänge und Licht- und Videoprojektionen. Mit diesen Systemen lassen sich unterschiedliche Perspektiven schaffen und kleine Bereiche abteilen, ohne daß die Gesamtatmosphäre davon betroffen würde. Der Name „Nil" (= Null, Nichts) wurde gewählt, um das Konzept einer „leeren Seite, die es vollzuschreiben gilt, räumlich und geographisch umzusetzen", so Lazzarini und Pickering. Sie haben eine saubere, unbeschriebene Schiefertafel bereitgestellt, auf die durch Farben, Muster und Bilder verschiedene Atmosphären und Stimmungen projiziert werden.

Das Interieur ist rein und schlicht, mit vielen weißen Oberflächen und Naturstein, damit nichts von seiner Funktion als Hintergrund ablenkt. Der Boden ist hell – mit Kacheln aus Marmorstaub und Kunstharz gefliest – und zum Mobiliar gehören weiße Vinylbänke, unspektakuläre Bertoia-Stühle aus Edelstahl, römische Travertinblöcke und eine Kiefernholzbank. Der lange, rechteckige Raum kann in drei hintereinanderliegende Abschnitte eingeteilt werden, die ineinander übergehen. Im Laufe des Abends werden sie langsam geöffnet, und es entsteht ein großer Raum. Im ersten Abschnitt liegt die Bar mit zwei schmalen Theken, die sich wie ein Kreuz überschneiden. Die verspiegelte Front der Bar reflektiert und akzentuiert die Lichtveränderungen und Projektionen. Die Flaschen hinter der Bar nehmen nur sehr wenig Platz ein – nur ein schmales, weißes Regalbrett, das die Leinwandqualität des Interieurs nicht durchbricht. Über der Bar hängt eine Projektionswand, und durchsichtige, elektronisch steuerbare Vorhänge bilden eine ovale Einfassung um den Barbereich.

Die Bank aus gebleichtem Kiefernholz, die an der linken Wand entlang verläuft, fungiert als erhöhter Steg, der die Bereiche miteinander verbindet – als Sitzbank zum Essen, oder später am Abend als Podest zum Tanzen. Im Restaurant stehen an der gegenüberliegenden Wand gepolsterte, geschwungene Sitzbänke, die das Restaurant von der Bar abgrenzen. An beiden Wänden hängen weiße Vorhänge, auf denen Videoprojektionen atmosphärische Veränderungen schaffen – von schlichten Rosa- und Blautönen bis hin zu wilden geometrischen oder gepunkteten Mustern und bewegten Bildern von Wasser oder Feuer. Die computergesteuerte Halogenbeleuchtung an der Decke trägt zu diesen Effekten bei. Sie kann dafür sorgen, daß der Raum zu pulsieren scheint, oder bestimmte Ecken besonders hervorheben.

Am anderen Ende des Raums liegen das DJ-Pult und eine Bühne. Auch hier kann mit Hilfe von durchsichtigen Vorhängen ein Bereich für private Gesellschaften abgetrennt werden. Es gibt keine „offizielle" Tanzfläche – die Gäste tanzen dort, wo sie Platz finden, also auch auf der Bank und den Travertinblöcken, bis die *Bar Nil* in den frühen Morgenstunden schließt.

Reykjavík, Island
Michael Young, 2000

Astro

Drinnen draußen – Michael Young beschreibt die Main Bar als „eine Art Kreuzung aus Swimmingpool und Picknickplatz".

Oben:
Die Bar ist aus gletscherweißem Corian geformt, einem künstlichen, marmorähnlichen Steingemisch.

Rechts:
Blick auf die Bar vom tieferliegenden Smarty Pool aus, der von den geothermischen Regionen Islands beeinflußt ist.

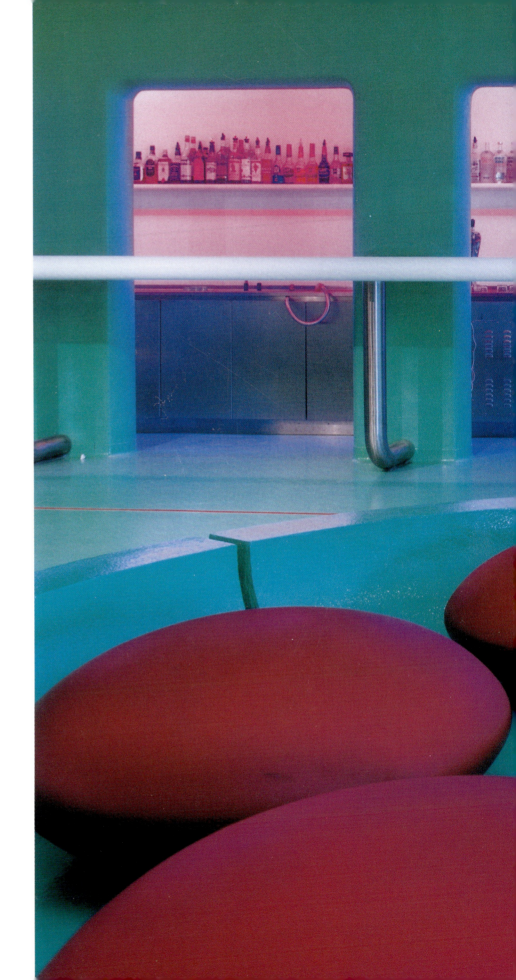

Reykjavík, Island – die Stadt der ausgeflippten Popstars, langen Nächte und heißen Quellen –, ist das Setting und die Inspirationsquelle der DJ-Bar *Astro*. Das flippige, bunte Interieur wurde nach dem Umbau eines der ältesten Gebäude Reykjavíks entworfen (90 Jahre alt). Der in England geborene Designer Michael Young begutachtete zunächst die isländische Handwerkskunst: „Sie ist extrem gut... besonders, wenn es um Beton und Stahl geht, etwa in Schwimmbädern und in den geothermischen Gebieten Islands." Young beschloß, die Natur hereinzuholen und die örtliche Handwerkskunst bei der Gestaltung des *Astro* einzusetzen. So entstand das Design der Main Bar mit niedrigen Loungesesseln und Picknicktischen um den tiefer liegenden Smarty Pool herum. Young beschreibt ihn als „eine Art Kreuzung aus Swimmingpool und Picknickplatz".

Die meisten Möbelstücke und Lichtobjekte entwarf Young. Er zeichnet auch für die geschwungenen Formen, das futuristische Design, die synthetischen Materialien und die kräftigen Farben verantwortlich, die das Astro zu einem surrealen Erlebnis machen. Es gibt zwei Stockwerke: unten eine Bar und eine Tanzfläche, oben ein Nebenzimmer und eine Tanzbar. In beiden Stockwerken legen DJs auf. Die Bars bestehen aus gletscherweißem Corian, einem künstlichen Steingemisch, ähnlich wie Marmor, und der Boden aus einer Zusammensetzung auf Kunstharzbasis. Die Smarty-Kissen in der Main Bar, dem Red Button, sehen aus wie eine Flotte von Mini-Raumschiffen in einem Krater. Die Kissen mit dem Namen MY16 wurden von Young entworfen und werden seit 1998 vom italienischen Hersteller

Links:
Das *Astro* ist voll von Youngs Möbeln und Lichtobjekten, von den Loungesesseln bis hin zu den „plastic-fantastic"-Sticklights.

Rechts:
Die wärmeempfindlichen Wände des VIP Red Room werden dunkler, je mehr Personen sich darin aufhalten.

Oben:
Das Futuristische liegt im Detail: jedes Stück im *Astro* ist von einer klaren, aber kurvenreichen Ästhetik.

Cappellini produziert. Die Barhocker, Clubsessel und Youngs Markenzeichen, das Zeitschriften-Sofa MY03, bestehen alle aus Chromstahlrahmen und weißen Lederpolstern und wurden von Cappellini oder von Sawaya & Moroni produziert.

Abgesehen von den merkwürdigen und wunderbaren Formen und Beschaffenheiten beamt die Beleuchtung das *Astro* endgültig in den Weltraum. Der Lichtdesigner Jeremy Lord hat hinter der Bar ein Lichtsystem mit sich verändernden Farben installiert, dessen Effekt durch Youngs in Abständen aufgestellte weiße Wände zwischen dem vielen Wassergrün verstärkt wird, die die wechselnden Farbtöne reflektieren. Youngs ungewöhnliche Sticklights – von Eurolounge aus rotationsgeformtem Kunststoff hergestellt – säumen den Raum und spenden durch eingesetzte Filter Licht in wechselnden Farben.

Oben sind die Farben des *Astro* noch seltsamer. Die Tanzfläche strahlt in einer Vielzahl von Farbtönen, die von einer Colourwall von Jeremy Lord stammen, und im ruhigeren Nebenzimmer mit dem passenden Namen Red Room (nur für Mitglieder) ändern tatsächlich die Wände ihre Farbe. Aufgrund der eingelassenen Leuchten und warmgeformten Polycarbonats reagieren sie auf Wärme. Die Wände sind zunächst blaßrosa und werden dunkler rot, je mehr Personen sich im Raum aufhalten. In einem Land mit langen, kalten Wintern wurde Youngs künstliches Drinnen-Draußen voller Licht und Farben natürlich ein Renner.

Sydney, Australien
McConnell|Rayner, 1998

Embassy

James Bond würde sich im Retro-Schick des *Embassy* sicher wohl fühlen. Die Mehrzweck-Räumlichkeiten im Sydneyer Vorort Double Bay verströmen den Glamour der 1960er Jahre mit Erdfarben und weißen, geschwungenen Formen. Die Architekten McconnellRayner sollten für das ehemalige Restaurant und den Veranstaltungsraum eine „Lounge mit einem Hauch Ostblock-Phantasie" entwerfen. Ihr Interieur bietet Bereiche zum Essen, Trinken, Tanzen und Loungen für bis zu 650 Personen.

Wie viele moderne Lokalitäten ist auch das *Embassy* auf Flexibilität ausgelegt – die Besitzer wollten, daß es vielseitig nutzbar ist und „als Club/Lounge/Disco ebenso genutzt werden kann wie zum Mittagessen oder für Modenschauen". McconnellRayner ermöglichen all diese Nutzungsarten dadurch, daß sie verschiedene Bereiche eingerichtet haben. Der Hauptraum wird vom DJ-Pult, der Tanzfläche und der großen „Barinsel" dominiert, wobei eine Ecke ganz von der Bar und den sie umgebenden Sitzplätzen eingenommen wird. Die Tanzfläche liegt nicht ganz in der Mitte des Raums und ist durch eine ovale Fläche mit Parkettboden gekennzeichnet, der sich vom grauen Teppichboden abhebt. In einer flachen „Deckenkuppel" direkt über der Tanzfläche befindet sich die Beleuchtung im Nightclub-Stil.

An der Tanzfläche liegt eine weitere Bartheke, die den Restaurantbereich und den Supper Club von der Lounge und dem Nightclub trennt. Der langgestreckte Restaurantbereich verläuft an der Wand entlang. An der gegenüberliegenden Seite befindet sich die Cigar Lounge – ein ge-

Links:
Am auffälligsten sind die Logen, die mit weißen Trennwänden im Stil der 1960er Jahre abgeteilt sind und die leuchtende, quadratische Bar aus durchscheinendem Material, das von hinten mit warmem, weißem Neonlicht erleuchtet wird.

Oben:
Dunkelrot gepolsterte Wände wölben sich über den Köpfen der Gäste in den gemütlichen Logen der Bar. Noch intimer wird es, wenn man die silbrigen Vorhänge aus Metallgeflecht vor den Eingang zieht.

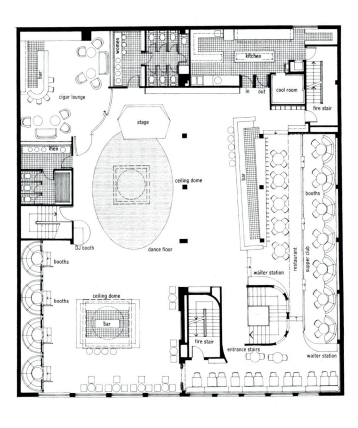

Grundriß:
Die verschiedenen Bereiche wie Supper Club, Cigar Lounge und Main Bar mit den Logen sind an den Wänden entlang angeordnet, die Tanzfläche nicht ganz in der Mitte des Raums.

Rechts:
Der Supper Club hat geschwungene, gepolsterte Wände und liegt an der Wand hinter der Eingangstreppe. Rechteckige Öffnungen ermöglichen Blickkontakt zwischen den Gästen.

mütlicher Raum mit eigener Bar, der entweder ganz geschlossen oder in den großen Raum integriert werden kann, indem man die Türen beiseite schiebt. Mcconnell-Rayner haben eine luxuriöse Lounge-Atmosphäre geschaffen, indem sie im gesamten Raum (mit Ausnahme der Tanzfläche) Teppichboden verlegt, und, wo immer es möglich war, weiche Linien und Oberflächen eingesetzt haben – etwa die geschwungenen und gepolsterten Wände im Supper Club. Für eine weitere Verfeinerung sorgen die ruhigen, gedämpften Farben und die gemütlichen Logen.

Die weiße, leuchtende Main Bar und die rund umrahmten Sitzlogen fallen im *Embassy* am stärksten ins Auge. Die Bar besteht komplett aus Marblo, einem durchscheinenden, festen Material, und wird von hinten mit warmem, weißem Neonlicht beleuchtet, so daß die Theke und die Ecken der großen Bar hell leuchten. Die Front ist mit Broadline-Glas mit einer Zwischenschicht aus irisierender Farbe vor einer verspiegelten Rückwand verkleidet und wirkt dadurch silbern. Unmittelbar über der Bar glitzert unter einer quadratischen Kassette ein Kronleuchter aus den 1960er Jahren. Er gehörte zur ursprünglichen Ausstattung der Bar und trägt zum Gefühl des Retro-Glamours bei.

Die vier leicht erhöhten Logen am Rande der Bar sind ungemein verlockend. Sie werden von großen, runden Öffnungen umrahmt, die in die weiße Styroporwand geschnitten sind und in denen sich die runde Form der Fenster wiederholt. Die Trennwand wurde in Form geschnitten und dann mit Polyesterharz überzogen, um sie belastbarer zu machen. In den Nischen winden sich halbrunde Sitzbänke um einen Tisch herum, und hinter den Köpfen der Gäste ragen dunkelrot gepolsterte Wände auf. Atmosphärische Beleuchtung von unten nach oben betont das kokonartige dieser gemütlichen Logen. Man kann sich dort sogar ganz zurückziehen, indem man die silbernen Vorhänge aus Metallgeflecht zuzieht – ein idealer Platz für den martinitrinkenden 007 und seine Girls.

Lissabon, Portugal
Manuel Reis, Fernando Fernandes
und José Miranda, 1998

Lux

Links:
Die riesigen Wandelemente lassen sich in verschiedene Positionen verschieben, so daß der Raum immer wieder anders wirkt, ohne seine Großraumatmosphäre zu verlieren.

Oben rechts und links:
Das Lagerhallen-Loft mit Blick auf den Lissabonner Fluß Tagus liegt in einem der ersten Betonbauten, die im Hafen der Stadt gebaut wurden.

Das *Lux* folgt der Tradition von Clubs, die an ungewöhnlichen Orten liegen, in Industriebrachen, ehemaligen Eisenbahnviadukten oder Kraftwerken – ausgediente Lagerhallen, die zum Vergnügen genutzt werden anstatt für Arbeit und Plackerei. Tatsächlich könnte dieser Club in jeder Stadt der Welt liegen – London, New York, Chicago – wenn er nicht diese Aussicht vom Balkon auf den Fluß Tagus hätte. Das *Lux* eröffnete zwar erst im September 1998, aber das 1910 gebaute Lagerhallen-Loft war eine der ersten Betonkonstruktionen im Hafen von Lissabon.

Als der Hafen von Lissabon plante, städtische Gebiete neu zu beleben, tauchten Manuel Reis, Fernando Fernandes und José Miranda mit dem Konzept für das *Lux* auf. Ihr Ziel war, einer Gegend, die bis dahin in bezug auf Freizeit und kommerzielle Interessen völlig vernachlässigt worden war, zu neuem Leben zu verhelfen. Reis hatte bereits Erfahrung sowohl im Bereich Nachtclub als auch im Design. Er ist der vielgepriesene Gründer eines der beliebtesten Lissabonner Clubs – *Fragil* –, der dafür sorgte, daß aus Barrio Alto das hippe Amüsierviertel der Hauptstadt wurde. Ihm gehört außerdem das *Loja de Atalaia* in Lissabon, ein schickes Geschäft für Retro-Möbel und -Objekte.

Das *Lux* ist nicht streng durchgestylt. Es ist wie viele andere Clubs – unglaublich fließend und flexibel. Das Erdgeschoß ist ausschließlich zum Tanzen gedacht. Die Lounge Bar im Obergeschoß mit eigenem DJ ist die Hauptattraktion mit ständig wechselnden, bonbonfarbenen 60er- und 70er-Jahre-Möbeln aus dem *Loja de Atalaia*, die hier auch verkauft werden. Die Lautsprecher sind in die riesigen Wandelemente eingebaut, die sich in verschiedene Positionen verschieben lassen, so daß der Raum immer wieder anders wirkt, ohne seine Großraumatmosphäre zu verlieren. Die weißen Elemente reflektieren das sich ändernde Licht, die Farben und Muster und bieten einen idealen Hintergrund für die Arbeit von Videokünstlern und anderen Performern.

Das sehr einfache, aber anpassungsfähige Ambiente sorgt für eine entspannte Lounge-Atmosphäre; die Gäste können ihre Stühle irgendwohin stellen, nichts ist fest. In der Morgendämmerung strömt die Menge durch die Schiebetüren auf den Balkon, wo die Silhouetten der Krane und mechanischen Überbleibsel des Hafens sich gegen die aufgehende Sonne über dem Tagus abheben.

Moskau, Rußland
Boris Ktoutik, 2000

Zeppelin

Links:
Ein kleines Luftschiff – das Logo des Clubs – scheint über der weinrot gebeizten Eichentreppe zu schweben, die in die einzelnen Stockwerke des Zeppelin führt.

Rechts:
Überall in den Räumlichkeiten findet sich die aerodynamische Form des Luftschiffs wieder. Selbst das Doppeldecker-DJ-Pult schwebt wie ein schimmernder Zeppelin in einem strahlenden Lichterbogen.

Es ist vielleicht kein Zufall, daß dieser Moskauer Privatclub, der zweifelsohne von den reicheren Moskowitern besucht wird, in einem Gebäude liegt, das im 19. Jahrhundert von einem „unbekannten Edelmann" gebaut wurde. Nach der Oktoberrevolution von 1917 wurde das Gebäude anderweitig genutzt und war vor der Eröffnung des Zeppelin ein Bürogebäude. Der jüngste Umbau brachte eine Vergrößerung des Raums auf allen Stockwerken mit sich, so daß nun insgesamt 1000 m² auf vier Etagen zur Verfügung stehen.

Die Eigentümer wollten „die Atmosphäre des legendären Luftschiffs Hindenburg" wieder aufleben lassen, und tatsächlich fühlen ankommende Gäste sich auf der leuchtenden Treppe sofort von dem Logo des Clubs angezogen. Gekonnt von hinten beleuchtet und von einem gelben Lichthof umgeben, scheint das Mini-Luftschiff am oberen Ende der Treppe zu schweben. Zusätzlich hat die Decke über der Treppe die Form eines Zeppelins, komplett mit Motor und Propeller.

Nach vier Stufen liegt rechts der Eingang zur „Discothèque", in der ein Großteil des Raums von der Tanzfläche eingenommen wird, die aber auch zwei Bars und eine Lounge bietet. Die Ankommenden haben zuerst den Blick von oben und gehen dann ein paar Stufen um eine geschwungene fliederfarbene Wand herum hinunter in den Club. Diese Wand, die von Glasbausteinen durchbrochen ist, bildet auch die Rückwand der Bar auf der anderen Seite.

Die aerodynamische Form des Luftschiffs wiederholt sich überall. So ist die gesamte Lounge als Bogen gegenüber der Tanzfläche abgegrenzt und wird von einer Stahlkonstruktion umgeben, die als Theke fungiert. Gäste auf den metallenen, mit blauem PVC bezogenen Barhockern haben den Blick auf diejenigen, die auf dem Sofa sitzen, oder auf die, die sich unter der Discokugel drehen. Schräg gegenüber schwebt das Doppeldecker-DJ-Pult wie ein silbern schimmerndes Mutterschiff, mit Drahtseilen befestigt und von einem Sternenkranz umgeben. Das obere Stockwerk ist über eine kleine Treppe erreichbar und ermöglicht es dem DJ, die Menge von ganz hoch oben zu unterhalten.

Dynamische orangefarbene Kleckse, die tiefen Blau-, Pink- und Rottöne der Polster und mit purpurrotem Kunststoff verkleidete Säulen beleben die kalten Stahlelemente und die neutralen Töne des lackierten Laminatbodens in Dielenoptik. Am anderen Ende des Raums gibt es eine zweite Bar, wo die Gäste auch sitzen, sich entspannen und die Szenerie überblicken können. Das Zeppelin ist nicht einfach eine Disco, sondern ein ganzer Unterhaltungskomplex. Im ersten Stock gibt es ein Kino und eine Cigar Lounge, darüber ein Restaurant, und im Dachgeschoß befinden sich ein Schönheitssalon und eine Sauna. Alle Stockwerke sind über die Haupttreppe erreichbar.

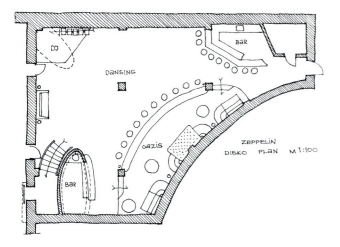

Grundriß:
Die Tanzfläche nimmt den größten Teil des Raums ein. Es gibt aber auch noch eine Lounge und zwei Bars.

Rechts:
Die Lounge wird von einer Stahlkonstruktion umgeben, die als Theke fungiert. Von hier aus kann man die Tanzenden unter der Discokugel beobachten.

São Paulo, Brasilien
Isay Weinfeld, 2000

Disco

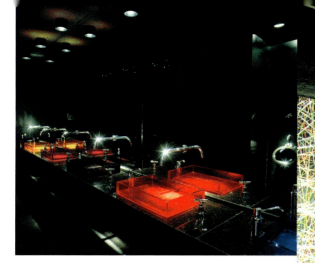

Links:
Das Wort „Disco" strahlt durch den mosaikgefliesten Eingangskorridor, der von sternartigen Glasfaserleuchten erhellt wird.

Oben:
Neonbeleuchtete Acryl-Waschbecken strahlen in der Dunkelheit der Toilettenräume.

In Nightclubs geht es sowohl um Licht als auch um Dunkelheit – um nächtliche Veranstaltungen, auf denen man sich in der Menge verlieren und in den sinnlichen Genüssen von Licht und Musik fallenlassen kann – und die *Disco* ist ein Paradebeispiel für dieses Konzept. Sie liegt in der pulsierenden Faria Lima in São Paulo, einer Straße, die besonders für ihr Nachtleben bekannt ist. Das Interieur scheint auf den ersten Blick gar nicht zu existieren, man stolpert zunächst durch komplette Dunkelheit mit nur ein paar kleinen Lichtern als Orientierungshilfe. Der Architekt Isay Weinfeld sollte einen Nightclub entwerfen, der „elegant und gewagt" sein sollte – Eigenschaften, die sich zweifellos vom Eingang bis zur Toilette finden.

Der lange Eingangskorridor ist mit winzigen Mosaikfliesen in verschiedenen Farben verkleidet und wird von willkürlich verteilten Glasfaserleuchten erhellt, die wie Sterne am Nachthimmel funkeln. Am Ende des Gangs leuchtet das Wort „Disco" in oranger Neonschrift, die sich in den Fliesen spiegelt. Die *Disco* besteht aus einem großen Raum mit einer langen, schwarzen Resopal-Bar an einer Seite. In der Mitte liegt die rechteckige Tanzfläche aus schwarzem Holz, die von Loungesesseln umsäumt ist.

Auf der gegenüberliegenden Seite des Raums steht eine lange Bank, die die VIP-Zone abtrennt, einen etwas erhöhten Bereich mit einer kleinen Bar auf jeder Seite. Alles ist einfarbig schwarz – die Kunstledersofas, die drei Bars, der Teppichboden und die Wände – so daß jegliche Farbe sofort ins Auge fällt.

Der große Blickfang ist eine Wand des Designer-Duos The Campana Brothers aus Hunderten bunter Kunststofffäden, die von oben und unten beleuchtet wird und an ein Gemälde von Jackson Pollock erinnert. Weitere Energiequellen sind die Lichtorgel mit ihren verschiedenen Farben, die neonfarbenen Barregale aus Acryl und die bonbonfarbenen Loungehocker. In den Toilettenräumen stechen die Acrylwaschbecken aus einem Meer von Schwarz hervor.

Oben:
Das Interieur ist fast komplett schwarz, mit Ausnahme einiger neonbeleuchteter Acrylteile und der Wand hinter der Bar, die wie ein Gemälde von Jackson Pollock wirkt und von den Designern The Campana Brothers aus Hunderten bunter Kunststofffäden geschaffen wurde.

Grundriß:
Die *Disco* besteht aus einem quadratischen Raum mit einer Tanzfläche in der Mitte, die von Loungesesseln flankiert wird und einer langen Bank am anderen Ende, die den VIP-Bereich abtrennt.

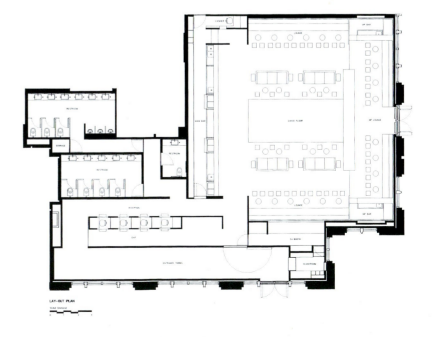

Float

New York, USA
Jeffrey Beers, 1999

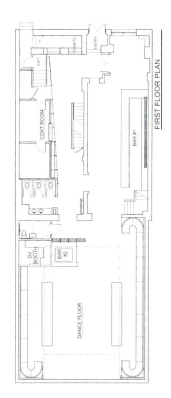
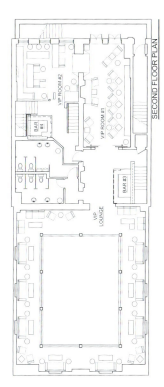
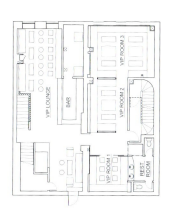

Der in Manhattan geborene Architekt und Designer Jeffrey Beers ist der Schöpfer und Mitbesitzer des *Float*, einem Nightclub mit Lounge im Theaterviertel am Rande des Stadtzentrums von New York. Wie viele Clubbesitzer hat auch Beers sich vom legendären *Studio 54* inspirieren lassen. Wie er der Zeitschrift *Contract* (Juni 2000) sagte, war es „die Energie des *Studio 54*, die ich im Kopf hatte, als ich das *Float* konzipierte, die Energie, den Geist, die Intensität. Die Vorstellung, daß der Abend immer besser wird."

Die 560 m² große Fläche verteilt sich auf drei Etagen. Im Erdgeschoß liegen zwei Bars und die Tanzfläche. Sie werden von der darüberliegenden VIP Balcony Lounge überblickt, in der sich eine weitere Bar und zwei abgeteilte VIP-Räume befinden. Ganz besonders hochrangige Gäste dürfen über einen verglasten Balkon an der Vorderseite des Gebäudes und eine Treppe in den dritten Stock, wo es eine weitere Loungebar und drei privatere VIP-Räume gibt. Im *Float* wird Beers' Begabung offensichtlich, mittels dramatischer Beleuchtung und unterschiedlicher Materialien kontrastierende Bereiche zu schaffen – die Tanzfläche wird zum Beispiel von kühlen Blautönen dominiert, wogegen die Loungebereiche in warme Gold-, Orange- und Rottöne getaucht sind.

Beers gestaltete die Tanzfläche flexibel – die Fläche wird von zwei langen Sitzbänken flankiert, und leuchtende Kunstharz-Podeste werden zu Beginn des Abends als Bänke genutzt, und später, wenn die Stimmung ausgelassener wird, als Tanzbühnen. Einen Hauch von Asien verbreiten

Links:
Die Tanzfläche, auf die man von der Lounge im Zwischengeschoß aus herunterschauen kann, zeigt asiatisch beeinflußte Details wie rote Discoleuchten und eine von hinten beleuchtete Plexiglaswand, die an japanische Laternen und Wandschirme erinnern.

Grundriß:
Die Räumlichkeiten sind hierarchisch angelegt, die VIP Balcony Lounge Bar liegt im ersten Stock. Wirklich hochkarätige Gäste erreichen die exklusive Lounge im obersten Stockwerk über eine Treppe und den verglasten Balkon, der sich außen am Gebäude entlangwindet.

die roten Discolampen, die wie japanische Lampions wirken, die schlichten, gitterartigen Quadrate an der Balkonbrüstung und die von hinten beleuchteten Wandelemente aus Plexiglas um die Tanzfläche herum.

In den oberen Stockwerken des *Float* liegen luxuriöse Lounges, maßgeschneidert für die New Yorker High-Society. Die Beleuchtung ist gedämpft – die Räume werden stimmungsvoll von Kerzen erleuchtet, mit indirekter Beleuchtung unter der Decke und wenig direktem Licht. Klare Linien herrschen vor; es gibt quadratische Puffe, vergoldete Tische, niedrige Loungesessel, Ottomanen und Wildlederbänke. Olivgrüne, senfgelbe und bordeauxrote Kissen aus Samt und Seide sorgen für Farbe. Wenn das Erdgeschoß sich im Laufe der Nacht füllt, steigen die wenigen Auserwählten in die oberen Gemächer und beobachten die tanzende Masse von oben.

Oben:
Die leuchtenden blauen Podeste zu beiden Seiten der Tanzfläche fungieren zu Beginn des Abends als Bänke, später dann, wenn die Menge tanzt, als Tanzflächen.

Rechts:
Im Gegensatz zu dem spektakulären, blau beleuchteten großen Saal sind die VIP-Lounges ruhige Häfen in Gold, Senfgelb und Bordeaux.

Lloret de Mar, Spanien
Pau Disseny Associates, 2000

Zoom

Links:
Die vorhandenen Stützpfeiler aus Beton wurden in das Design einbezogen, indem um ihren unteren Teil herum Boxen aus galizischen Kieferlamellen installiert wurden, die zusätzlichen Platz zum Abstellen von Getränken bieten.

Skizze:
Pau Disseny gaben dem Raum eine neue Ausrichtung, indem sie die Bar diagonal einsetzten und damit die Betriebsräume hinter dem durchscheinenden Pergament der Back Bar versteckten.

Rechts:
Die Schallschutzbestimmungen machten doppelte Eingangstüren erforderlich. Vertikale und horizontale Schlitze im Würfel in der Vorhalle laden zu einem Blick in die Bar ein, bevor man eintritt.

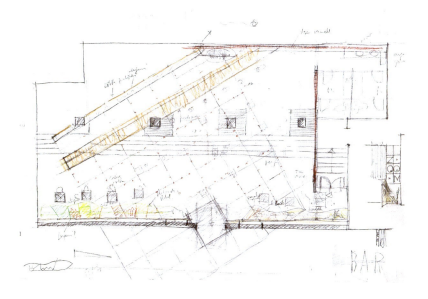

Das *Zoom* wurde im Zuge des Umbaus des Aurora Hotels in Lloret de Mar in Katalonien (Spanien) geboren. Bei der Renovierung blieb ein leeres Untergeschoß übrig – die ehemalige Küche – das von vier quadratischen Betonsäulen mit stämmigen, ein Meter hohen Sockeln dominiert wird. Der Eingang lag in einer drei Meter breiten Lücke zwischen zwei anderen Gebäuden neben dem Hotel. Die Innendesigner Xavier Pau i Corominas und Jordi Pau i Corominas von Pau Disseny Associates hatten den Auftrag, diesen schwierigen Raum in eine Music Bar zu verwandeln.

Zu ihrem Entwurf gehörten größere Veränderungen am Gebäudeäußeren, so daß man von der Straße aus, die etwa drei Meter über dem Eingang liegt, Zutritt hat. Eine Treppe und ein Aufzug für behinderte Gäste wurden eingebaut. Eine künstliche Fassade aus mit Pergament bezogenen, quadratischen Glasscheiben schließt die Lücke zwischen den beiden Gebäuden und zeigt die Leuchtschrift „ZOOM". Die eigentliche Fassade ist mit Holz vertäfelt und folgt der Neigung der Treppe, so daß der Blick von der Straße aus stark nach unten gelenkt wird. Zwei schräge Vordächer, eines an der Straße und eines am Eingang, und die Spitzen von drei Zypressen weisen auf den Club hin. In der spanischen Kultur gelten diese Bäume als Willkommenszeichen.

Um das Beste aus dem Raum herauszuholen, wählten Pau Disseny einen etwas schiefen Ansatz und orientierten die Ausrichtung des Raumes um. Die Bar steht diagonal im Raum, und die netzartigen Regale der Back Bar, deren durchscheinende Rückwand aus Pergament ideal für Projektionen ist, trennen den Gastraum von den Betriebsräumen. Unter der Decke zieht sich ein Raster aus Quadraten entlang, das das Muster der Regale fortsetzt und mit 475 schwach leuchtenden Glühbirnen den Kellerraum belebt.

Die Schallschutzbestimmungen schrieben doppelte Eingangstüren vor, daher wurde eine Holzbox entworfen, ein in den Raum ragender Würfel, der den Vorraum bildet. Er steht parallel zur Bar; die horizontalen und vertikalen Schlitze wirken wie abstrakte Gesichter und laden zu einem versteckten Blick in die Bar ein, bevor man eintritt.

Die Wand beiderseits des Eingangs besteht aus durchscheinendem Pergament, das durch Glasscheiben geschützt und von hinten angestrahlt wird. Diese Beleuchtung bringt die Kurven der Vinylbank besonders zur Geltung – eine farbenfrohe, abstrakte Nachbildung der Strände von Lloret. Alle anderen Möbelstücke, verchromte Barhocker, Edelstahltische und Korbsessel sind leichtgewichtig und beweglich, so daß Platz zum Tanzen geschaffen werden kann.

Café L'Atlantique
Mailand, Italien
Fabio Novembre, 1995

Ein himmlischer Regenschauer aus Glasfasertentakeln bildet einen glänzenden Kronleuchter über der Bar und macht sie zur Hauptattraktion des Clubs.

Das *Café L'Atlantique* ist ein Nightclub im traditionellen Sinne des Wortes. Man kann hier essen, trinken und tanzen – alles unter dem Dach einer ehemaligen Industriehalle in Mailand. Fabio Novembres Design ist allerdings alles andere als traditionell. Der blaue Mosaikfußboden dieser Bar-Restaurant-Discothek ist als Symbol für das Meer beschrieben worden, die Bar selbst als Atoll der gestrandeten Seelen der Stadt. Umgeben von einem Meer aus blauem Licht scheint sie in der Mitte des Raums zu schweben, darüber schimmert ein glitzernder, himmlischer Regenschauer aus Glasfasertentakeln als Kronleuchter. Inmitten der dunklen Blautöne wirkt er wie ein Sternenfeuer, das den liebeskranken Seelen der Nacht Trost spendet.

Novembres Design läßt die ursprünglich rechteckige Form des Raums verschwimmen. Um die Bar herum gruppieren sich verschiedene Bereiche, die alle unterschiedliche Atmosphären und Blickwinkel bieten, vielleicht ein Zeugnis von Novembres Ausbildung beim Film. Rechts des Eingangs liegt die plüschige VIP-Lounge – eine barocke Symphonie aus blauem Samt mit Vorhängen bis zum Boden und majestätischen Stühlen und Sofas mit vergoldeten Rahmen. Das verführerisch gedämpfte Licht stammt aus prunkvollen Kronleuchtern mit roten Birnen, die in der mitternachtsblauen Umgebung leuchten wie Glut.

Über die gesamte Länge des großen Raums erstreckt sich ein erhöhter Laufsteg. Er wird von Androidenfiguren aus Altmetall von der Mutoid Waste Company bewacht – ein apokalyptischer Anblick.

Der Laufsteg bildet die Grenze zwischen der Main Bar und der Sitzecke im Zwischengeschoß, in der sich Vinylstühle in Gänseblümchenform, ein Mosaikfußboden mit Gänseblümchenmotiv und dazu passende Wandlampen aus Kunststoff finden. Eine Theorie ist, daß dieser Traum in Blüten auf das Spiel „sie liebt mich, sie liebt mich nicht" anspielt – ein Amor mit Lasergewehr hoch oben im Raum erhärtet diese Interpretation. Das Restaurant am Ende des Raums ist ein Meer von Pink und Purpur, das von gelb leuchtenden Vertäfelungen um die Stützpfeiler herum erhellt wird. Eine silberne Vinylversion von Leonardo da Vincis *Abendmahl* ziert die Wand im intimen Speiseraum. Durch eine der drei Türen kann man von der Main Bar aus auch auf den Hof hinausgehen. In die stählernen Türrahmen sind chinesische Zeichen geätzt, die bedeuten: „Liebe erwächst aus Sex". Ist das Novembres Motto für diejenigen, die im *Café L'Atlantique* auf dem Meer treiben?

Oben links:
Die plüschige VIP-Lounge ist eine barocke Höhle aus blauem Samt, mit langen Vorhängen und majestätischen Sofas mit vergoldetem Rahmen.

Oben rechts und rechte Seite:
Von dem beleuchteten Laufsteg aus, der von Androidenfiguren aus Altmetall bewacht wird, hat man einen Blick über die Tanzfläche und die Bar. Er trennt außerdem die Main Bar von der Sitzecke mit dem Gänseblümchenthema, das auf das Spiel „sie liebt mich, sie liebt mich nicht" anspielt.

Grundriß:
Durch die verschiedenen Bereiche und Ebenen verliert man jedes Gefühl für die ursprünglich rechteckige Form der ehemaligen Industriehalle.

Kopenhagen, Dänemark
Turbo2000, 1998

NASA

Links:
Der Raum blendet – er ist fast vollständig weiß und wird von Tom Dixons Jacklights beleuchtet. Sie wurden in zwei Hälften geschnitten, damit sie unter der Decke angebracht werden konnten.

Rechts und ganz rechts:
Weiße Sofabänke winden sich an den Wänden entlang und bilden ein weiches, kokonartiges Interieur. Das DJ-Pult liegt in einer Ecke, umgeben von der leuchtenden Tanzfläche.

Grundriß:
Es gibt zwei Bars – die Take-Off Bar und die kleinere Bubble Bar. Durch die nur in eine Richtung durchsichtigen Fenster kann man die Tanzfläche des darunterliegenden X-Ray genau beobachten.

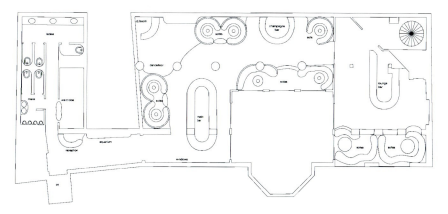

Das NASA ist ein futuristisches, weißes Wunderland von einem Club in einem Gebäude aus dem frühen 18. Jahrhundert, das zu kommerziellen Zwecken umgebaut wurde. Es liegt im ersten Stock; darunter, im Zwischengeschoß und im Erdgeschoß, befinden sich zwei weitere Clubs derselben Besitzer: The Fever und Slide (das frühere und noch heute so genannte X-Ray und Le Kitch).

Der Auftrag, den Turbo2000 bekam, lautete, „den durchgestyltesten Nightclub Europas" zu entwerfen, einen Treffpunkt für die kosmopolitische, internationale Gemeinschaft von Professionals aus den Bereichen Mode, Kunst, Medien und Unterhaltung. Der Mitinhaber Johannes Torpe war für Sound, Grafik und Licht zuständig, aber alles andere, von den Toilettentüren bis zum Fußboden, wurde von Turbo2000 entworfen und eigens angefertigt.

Die Gäste werden mit einem gläsernen Außenaufzug in den ersten Stock „gebeamt" und erhalten Zutritt zum exklusiven NASA, indem sie dem Türsteher ihren weißen Mitgliedsausweis mit Strichcode oder eine Einladung in der Form einer Taschenlampe vorlegen. Man betritt dann ein synthetisches Ambiente mit reinen, weißen Formen im Stil der 1960er Jahre. Passend zu diesem Hintergrund schwimmen in einem drei Meter langen Aquarium am Eingang weiße japanische Koi, und das Personal ist natürlich ebenfalls weiß gekleidet. Erst die Gäste bringen Farbe in den Raum; ihre Kleidung und ihre Körper spiegeln sich in den glänzenden Oberflächen aus Epoxidharz, Latex, Glasfaser, Kunststoff und PVC.

In dem U-förmigen Raum befinden sich die Take-Off Bar, an der Bier ausgeschenkt wird, die kleinere Bubble Bar, an der es Champagner und Zigarren gibt und eine erhöhte, beleuchtete Tanzfläche mit DJ-Pult. An sämtlichen Wänden stehen geschwungene Sitzbänke, die eine weiche, kokonartige Atmosphäre schaffen. Durch die nur in eine Richtung durchsichtigen Fenster kann man die Tanzfläche des darunter liegenden X-Ray genau beobachten. Das NASA leuchtet – was nicht weiß ist, wird von zahlreichen Lichtquellen angestrahlt, von Tom Dixons Jacklights an der Decke, die wie UFOs im Flug wirken, bis zu den dezenten Lichtpaneelen in den Wänden, Barfronten, Sofaecken und Toilettenspiegeln. Das Ganze wirkt wie das Innere eines Raumschiffs. Es gibt Pläne, das Konzept auszudehnen, und vielleicht werden in Zukunft auch an anderen Orten NASAs landen.

Caribou Hangar Bar

Madrid, Spanien
Grupo Mat, 1998

Links:
Der Propeller der zerlegten Caribou überragt das Ende der Main Bar wie ein riesiger Industrieventilator.

Grundriß:
Der dreieckige Raum ist in verschiedene Ebenen unterteilt, die sich um je einen wichtigen Teil des Flugzeugs herumgruppieren. Das Höhenleitwerk ragt aus der Fassade heraus und bildet einen theatralischen Eingang.

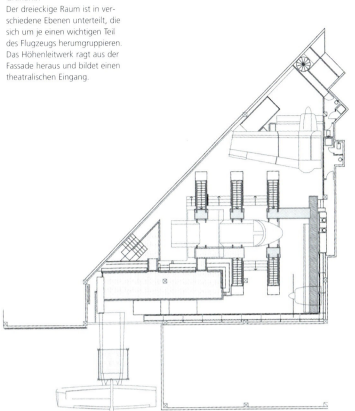

Es gibt vielleicht viele Flugzeuge mit Bars an Bord, aber es kann nicht viele Bars geben, die tatsächlich ein ganzes Flugzeug enthalten, so wie die *Caribou Hangar Bar*. Die Architekten Hector Ruiz-Velazquez und Javiar García García von der Grupo Mat sollten nach dem Vorbild „einer typischen amerikanischen Air Force Base Bar, in der die Piloten sich nach getaner Arbeit entspannen", eine Bar, Discothek und Konzerthalle entwerfen. Die Grupo Mat integrierte das Thema Air Force in ihr Designkonzept, indem sie das Innere wie das „Fließband" einer Flugzeugfabrik gestaltete. Die Authentizität wird dadurch gewahrt, daß die Grupo Mat ein altes Flugzeug vom Typ Caribou erwarb, das auseinandergenommen wurde und dessen gesamte Teile in der Bar verwendet wurden.

Die Grupo Mat weiß, was ein spektakulärer Auftritt ist und hat dem *Caribou* eine dramatische Fassade verpaßt. Die einfache Backsteinfassade des ehemaligen Einzelhandelsgeschäfts wurde mit Stahl verkleidet, damit das Gebäude wie ein Hangar wirkt, und trägt den hinteren Teil des Flugzeugs, der gelb und an der Heckflosse blau gestrichen ist mit dem Logo des Clubs darauf. Im Innern ist der dreieckige Raum in mehrere Schichten aufgeteilt, die um wichtige Teile des Flugzeugs herum organisiert sind. Das industrielle Interieur in Lagerhallenoptik besteht aus recyceltem Stahl, Eisen und Altholz und natürlich den Originalteilen des Flugzeugs. Das Licht in kräftigen Farben, wie das Chartreusegelb an der Main Bar und rotes und grünes Licht an anderen Stellen, sorgt für Wärme und betont bestimmte Bereiche.

Oben:
Das Interieur wurde dem Fließband einer Flugzeugfabrik nachempfunden. Daher stammt der Querschnitt durch den Flugzeugrumpf auf den oberen Ebenen und der Eindruck, daß hier gearbeitet wird.

Rechts:
Die Bar im Industriestil orientiert sich an der Werkbank eines Mechanikers. Um die Tanzfläche herum stehen Bänke aus Altholz

Es gibt zwei Bars – die lange Main Bar aus einfachem Bauholz über der tieferliegenden Tanzfläche in der Mitte des Raumes, und eine zweite, kleinere Bar unter dem Flügel der Caribou, in der Nähe des Hintereingangs. Die Werkbänke von Mechanikern inspirierten das Design der Main Bar, die funktionell und angemessen industriell wirkt, vor allem auch dank der Flaschenregale hinter der Bar, die hinter Schiebetüren aus Metall gesichert werden können. An einem Ende der Bar ragt ein Propeller heraus wie ein riesiger metallener Ventilator. An der Bar stehen Barhocker, die im „Top Gun"-Fliegerstil mit braunem Leder gepolstert sind, und um die Tanzfläche herum finden sich kommunikative Sitzbänke, ebenfalls aus gebrauchten und einfachen Materialien.

Über der Tanzfläche hängt der Rumpf des Flugzeugs, aufgeschnitten, damit er aussieht, als würde auf der Fertigungsstraße daran gearbeitet. Mehrere Treppen führen auf die höherliegenden Ebenen, die um das aufgehängte Flugzeug herum angeordnet sind. Die unteren Treppenstufen markieren die Grenzen des Tanzbereichs, und die oberen Ebenen sind mit weiteren funktionellen Sitzbänken für VIPs möbliert. Bilder aus den 1940er Jahren, zum Beispiel „Pin-up-Girls", sind auf die Wände gemalt und sorgen für den letzten Schliff im „Air Force Hangar".

Anhang

Credits

Absolut Icebar
Design: Arne Bergh and Åke Larsson
Sponsorship: Absolut Vodka

Antidote
Planning and design: CPM (Asia) Limited, Lead Designers: John James Law and Simon Chim Pak Kee
Fitting-out contractor: Wing Kai Engineering Company Ltd.

Astro
Designer: Michael Young
Collaborators: Katrin Peturs, Jokull

B 018
Architect: Bernard Khoury
Client: B.A.4
Contractor: Ayoub
Structural engineering: Nadim Honein

Bar Lounge 808
Design project team: Plajer & Franz Studio – Werner Franz, Christoph Hildebrand, Olaf Koeppen, Alexander Plajer
Lighting design: Plajer & Franz Studio
Shopfitter: Werkstätte für Innenausbau Berndt
Lighting fixtures: Fa. Neon Müller
Upholstery: Fa. Fronhöfer

BAR Ballad BAR
Client: Ballad Co., Ltd.
Interior designer: Glamorous Co., Ltd. (formerly Morita Yasumichi Design Office)
Graphic design: Hiromura Masaaki of Hiromura Design Office
Lighting design: Ito Kenji of Maxray Inc.
Contractor: Nomura Co., Ltd.
In-house project team: Glamorous Co., Ltd. – Morita Yasumichi, Sakagami Seiji; Kondo Yasuo Design Office – Kondo Yasuo, Sakoh Katsuyuki; Super Potato Co., Ltd. – Sugimoto Takashi, Wakabayashi Takae

Bar Lodi
Client: Sig. Corsano
Architect: Fabio Novembre
Design team: Marco Braga, Lorenzo de Nicola, Serena Novembre
General contractor: Gualina and Gualtieri

Bar Nil
Client: Luca Pavoni
Architects and lighting design: Lazzarini Pickering Architetti
Collaborator: Giuseppe Postet
Carpentry: Faiegnameria Orsini
Chairs: Harry Bertoia

Bar Tempo
Art direction: Shigeru Uchida
Architectural design: Aldo Rossi, Morris Adjmi, Toyota Horiguchi + SDA
Interior and furniture design: Shigeru Uchida, Yoshimi Tanaka + Studio 80
Graphic design: Katsumi Asaba
Producer: Mitsuhiro Kuzuwa + Jasmac
Owner: Kitakyushu City, Mojiko Development
Corporation Builder: FUJITA – Wakachiku Joint Enterprise in Construction

Brown
Designer: Nu Nu Luan
Contractor: KCA & Associates
Lighting consultant: Juan Contin of CDG International
Restaurant management: Smooth Limited

Café L'Atlantique
Client: Ivano Fatibene
Architect: Fabio Novembre
General contractor: Sin

Caribou Hangar Bar
Design and construction: Grupo Mat

Chinawhite
Client: Rory Keegan and John Stephen
Interior designer: Cara Satmoko of Satmoko Ball Architecture
Interiors Architect: Munkenbeck & Marshall
Decorator: Melanie Fisher
Branding: Edward Ashley-Carter

Claridge's Bar
All fittings and furniture: David Collins
All items 'procured' by: Savoy Group

Crowne Plaza Bar
Architect: Adam D. Tihany International
Furniture: Colber srl
Decorative lighting: Sirmos
Fabric: Pollack; Corragio
Rugs: M & M design International
Logs/Feature table: Showman Fabricator

Dietrich's
Client: Daimler-Benz AG & Co, 'Fidelis'
Architect (of hotel): Rafael Moneo
Engineering and construction: Debis Immobilienmanagement GmbH; IGH – Ingenieurgesellschaft; Drees & Sommer/Kohlbecker Gesamtplan; 9-D design; Kep Servotel Handelsgesellschaft

Disco
Architect: Isay Weinfeld
Collaboration: Domingos Pascali
Project team: Fausto Natsui, Isis Chaulon, Paulo Filisetti
Construction: Fairbanks e Pilnik
Dancefloor lighting: Ira Levy
Graphic design: Giovanni Bianco
Artistic panels: Humberto e Fernando Campana

Embassy
Architect: McconnellRayner
Bars: 'Solid surface material' by Marblo Pty Ltd
Booth screens: Futurtech Pty Ltd
Lighting design: Harron Robson Pty Ltd
Dining table pendant fittings: Designed by McconnellRayner; manufactured by Planet Furniture

Float
Client: Giuseppe Burgio and Jeffrey Beers
Interior designer: Jeffrey Beers International (Project Team – Jae Lee, Alan Shamoun, Julia Roth, Jill Stiely)
General contractor: Aries Construction
Lighting supplier: SLD Lighting
Lounge seating, banquettes, tables: Wood, Spring and Down

Hotel Atoll Bar
Client: Arne Weber
Architects: Alison Brooks Architects
Interior contractors: Framcke & Sohn Buchholz
Graphic designers: Mayer & Partner
Lighting designers: Peter Andres
Computer imaging: Softroom

Hudson Hotel Bar
Client: Ian Schrager Hotels
Design: Philippe Starck, Anda Andrei
Starck Design Studio: Bruno Borrione, Daniel Pouzet
Lighting design: Johnson Schwinghammer; Clark Johnson
Production architect: Polshek Partnership Architects

Jazz Matazz
Client: Fresk S.L.
Architects: Lluís Jubert and Eugenia Santacana
Constructor: Inox Moble S.L.

Leshko's
Designers: David Schefer and Eve-Lynn Schoenstein – David Schefer Design, LLC
Owners: Bob Pontarelli and Stephen Heighton
Contractor: Kinery Group
Chairs: Saarinen through Knoll
Banquettes: Munrod
Ceiling light fabrication: And Bob's Your Uncle…
Decorative lighting: Global Lighting, Luce Plan, Lost City Arts
Stone: Cultured Stone
Vinyl: Momentum
Decorative glass: Bendheim
Back bar: Lumisite
Panels: Wheatstraw board through Architectural Systems
Table tops: Formica laminate fabricated by Chairs & Stools

Lux
Architects and designers: Manuel Reis, Fernando Fernandes, Jose Miranda, Margarida Grácio Nunes, Fernando Sanchez Salvador
Lighting design: Paulo Graça e Luís Cruz

Man Ray
Architects: M.C.M. Design
Joiner: Sodifra
Iron manufacturer: Dutemple
Sculptor: Bruno Tanquerel
Painter: Eliane Franc

Mandarin Bar
Architect: Adam D. Tihany International
Furniture and decorative lighting: Colber s.r.l.
Millwork: Fidec Associats, S.A.
Sofa fabric: Larson

Mink
Concept and design: Wayne Finschi

Miramar Hotel Bar
Client: Osracom Touristic Establishments
Architect and interior designer: Michael Graves & Associates, New Jersey USA
Associate architect: Rami El Dahan & Soheir Fahid Architects
Interior design coordinator: Ibrahim Nagi
Landscape architect: Hydroscapes Egypt
Structural consultant: Hamza Associates
Engineering consultant: Bakry Engineers

NASA
Designer/Concept: Johannes Torpe/Turbo2000künstkontrolle Ltd.
Graphic design: Per Madsen/Johannes Torpe
In-house team/Clients: M.Fabricius/J.Torpe/K.Thurmann/P. Lipski
Main contractor: Niels Herholdt
Construction suppliers: Ronne & Brorsen
Electronics: Electric Design Company

Next
Architect: Álvaro Leite Siza Vieira
Stability: G.O.P. – Gabinete de Organização de Projectos

Page
Client: WAT International Co., Ltd.
Interior design: Glamorous Co., Ltd. (formerly Morita Yasumichi Design Office) & Kondo Yasuo Design Office
Lighting design: Ito Kenjo of Maxray Inc.
Contractor: WAT International Co., Ltd.
Book producer: Yasuoka Yoichi
In-house project team: Glamorous Co., Ltd. – Morita Yasumichi, Sakagami Seiji & Kondo Yasuo Design Office – Kondo Yasuo, Sakai Atsushi

Purple Bar
Owner: Ian Schrager London Limited
Overall design: Philippe Starck, Anda Andrei

Red Sea Star
Interior design: Ayala S. Serfaty
Project architect: Sefi Kiryati
Design production: Aqua Creations
Chairs: NIA Israel

rumjungle
Client: Jeffrey Chodorow and Circus Circus Development
Interior designer: Jeffrey Beers International
Architect: Klai-Juba Architects
General contractor: M.J. Dean Construction
Lighting consultant: Thomas Thompson
Millwork and 'Rain Chandeliers': Roger B. Phillips
Waterwall contractor: Recreation Development Corp.
Terrazzo/Onyx flooring: Corradini

Shu
Client: Molino s.r.l.
Architect: Fabio Novembre
Design team: Marco Braga, Lorenzo de Nicola
General contractor: Technobeton
Lighting: Studio Pollige
Graphics: Marco Braga

Soft
Architect: Airconditioned
Tables and stools: El Ultimo Grito
Chairs: Jam
Sofa: Inflate

Orbit Bar
Architects: Burley Katon Halliday
Structural engineer: Steigter Clarey & Partners
Builder: Accor Asia Pacific
Lighting: Design Coalition
Chairs: Eero Saarinen tulip chairs

The Bomb
Architects: Lief Design
Lighting: Liacel
Seating: Distinctive Design
Sound: Superfi Pro

The Corinthian
Client: G1 Group
Architect: United Designers, overseen by CEO Keith Hobbs
Contractors: In-house team

The Church Lounge
Owner: Hartz Mountain Industries, Leonard and Emanuel Stern
Designer: Bogdanow Partners Architects
Lighting: Focus Lighting
General contractor: R. C. Dolner

The Seagram Brasserie
Design team: Diller + Scofidio, Charles Renfro (project leader),

Deane Simpson
Structural engineer: Alan Burden, Structured Environment
Lighting design: Richard Shaver
Video collaborator: Ben Rubin, Ear Studio
Script for entry installation: Douglas Cooper
Curtain design: Mary Bright
Graphics: 2X4
Artwork casting: Z Corporation
Outcast installation assisted by Matthew Johnson

The Supperclub
Owner: De Mattos Tres b.v. Bert van der Leden
Architects: Concrete Architectural Associates
Design team: Gilian Schrofer, Rob Wagemans, Erik van Dillen

Time (Intergalactic) Beach Bar
Architects: Paul Daly Design Studio
Poured flooring and specialist wall finish: Lasar Europe Ltd
General lighting: Light Attack
Specialist lighting: Jeremy Lord

Tsuki-No-Ie
Client: Prids. Co., Ltd.
Design: Glamorous Co., Ltd.
Lighting design: Ito Kenji of Maxray Inc.
Contractor: IMD Co., Ltd.
In-house project team: Morita Yasumichi, Fujii Akihiro

Zeppelin
Concept: Ekaterina Cvetkova, Georgy Petrushin
Architect: Boris Krutik
Artist: Boris Aiba
Stylist: Valeriya Manohina

Zoom
Client: Joseph Maria Portas i Bernat
Designers and work directors: Xavier Pau i Corominas and Jordi Pau i Corominas
Interior designer: Mariana Roviras i Sampere
General construction coordinator: Pau Disseny Associats

Bildnachweise

Frederic Alm (97); Daniel Aubry (102); Bettmann/Corbis (8–11); David Brittain (16 right); Simon Brown (20); Friedrich Busam/Architekturphoto (54–59); Earl Carter (112–113); Reggie Casagrande (172–175); Jose Ruiz de Cenzano (184–187); Niall Clutton/ARCAID; Courtesy Concrete Architectural Associates (136–139); Luisa Ferreira (164–165); Alberto Ferrero (32–37, 46–49, 178–181); Robert Fretwell (160–163); Courtesy G1 Group (2–5); Chris Gascoigne (118–121); Peter Grant (95); Courtesy Michael Graves (103 left); Francisco Guedes (140); Jorg Hempel (94); David M Joseph (38–39); Ben Kelly (14); Christoph Kircherer (106–109); Michael Kleinberg (122–123); Alexey Knyazev (166–169); Andrew Lamb (90–91); Rob Lawson (3, 5, 22–23, 84–85, 124–125); Ari Magg (154–159); Mary Evans Picture Library (7); Courtesy of Ministry of Sound (15); Mihail Moldoveanu (110–111); Michael Moran (68–71); Michael Mundy (114–117); Nacasa & Partners (28–31, 40–41, 80–83, 86–89); Courtesy Marc Newson Ltd (19); Becky Nunes (60–61); Peter Paige Photography (92–93); Tina Paul 1987 (13); Anne Francoise Pellissier (126–133); Courtesy Perspective Magazine, Hong Kong (42–45); Matteo Piazza (152–153); Emmanuel Piron (18, 148–151); Eugeni Pons (146–147, 176–177); Sharon Rees (24–27); Tuca Reines (170–171); Tomoaki Sato (76–79); Albi Serfaty (50–53); Courtesy Alvaro Leite Siza (141); Courtesy Philippe Starck; Jens Stoltze (182–183); Alexander van Berge/Taverne Agency, production Ulrika Lundgren (96); Morley von Sternberg (6–9); Morley von Sternberg/ARCAID (104–105); Paul Warchol (64–67); Adrian Wilson (90–91, 98–101, 134–135); Michael S Yamashita/Corbis (12); Leo Yu - Blue Hydrant (62–63); Hans Zeegers/Taverne Agency (103).

Zeichnung auf Seite 6 von R & G Cruikshank aus Pierce Egan: *Life in London*.

Der Verlag hat die Nachweise der in diesem Buch beschriebenen Projekte und Bilder nach bestem Wissen und Gewissen so vollständig und sorgfältig wie möglich zusammengetragen. Bitte melden Sie uns eventuelle Fehler oder Auslassungen, damit wir sie in zukünftigen Auflagen korrigieren können.

Laurence King Publishing

Index

Absolut Icebar, Icehotel (Jukkasjärvi, Schweden) 94–97
Airconditioned: Soft (Tokio) 18, 20, 76–79
Amsterdam: The Supperclub 18, 136–139
Antidote (Hong Kong) 18, 42–45
Aqua Creations: Red Sea Star (Eilat, Israel) 50–53
Astoria Nightclub (London) 18
Astro (Reykjavík) 18, 20, 154–159
Atlantic Bar & Grill (London) 9, 16, *21*
Atoll Bar (Helgoland, Deutschland) 10, 20, 106–109
Auckland: Crow Bar 19, 60–61
Avedon, Richard 47, *48*

B 018 (Beirut) 15, 18, 126–133
Babaza 19
Babushka (London) 19
Balazs, Andre 12
Balthazar (New York) 9
BAR Ballad BAR (Tokio) 80–83
Bar Lodi (Lodi, Italien) 46–49
Bar Lounge 808 (Berlin) 18, 54–59
Bar Nil (Rom) 18, 152–153
Bar Tempo, Mojiko Hotel (Kitakyushu, Japan) 12, 86–89
Barcelona: Jazz Matazz 18, 146–147
Barr, Andrew: *Drink: A Social History of America* 8
B.E.D. (Miami) 138
Beebe, Lucius: *The Stork Club Bar Book* 10
Beers, Jeffrey:
  Float (New York) 18, 19, 172–175
  rumjungle (Las Vegas) 64–67
Beirut: B 018 15, 18, 126–133
Bergh, Arne siehe Larsson, Åke
Berkeley Hotel, London 12
Berlin:
  Bar Lounge 808 18, 54–59
  Dietrich's Grand Hyatt 110–111
Bertoia, Harry: Stühle 26, 153
Bogdanow Partners: Church Lounge, TriBeCa Grand Hotel (New York) 18, 122–123
Bomb, The (Nottingham) 15, 18, 20, 134–135
Brooks (Alison) Architects: Atoll Bar (Helgoland, Deutschland) 10, 20, 106–109
Brown (Hong Kong) 18, 62–63
Buddha Bar (Paris) *18*, 19
Burley Katon Halliday: Orbit Bar (Sydney) 24–27
Burnett, James 73

Café Costes (Paris) 10
Café L'Atlantique (Mailand) 18, 20, 178–181
Camden Palais (London) 18
Campana brothers: Fadenwand 171, *171*
Caribou Hangar Bar (Madrid) 184–187
Chicago: Music Box 141
Chim, Simon *siehe* CPM Asia
Chinawhite (London) 15, 18, 19, 142–145
Church Lounge, TriBeCa Grand Hotel (New York) 18, 122–123
Ciro's (Hollywood) 12

Clarence Hotel (Dublin) 12
Claridge's Bar, Claridge's Hotel (London) 12, 90–91
Clemente, Francesco 116
Collins, David 12, 91
Concrete: The Supperclub (Amsterdam) 18, 136–139
Conran, Sir Terence 9, 18
Corinthian, The (Glasgow) 72–75
CPM, Asia: Antidote (Hong Kong) 18, 42–45
Crow Bar (Auckland) 19, 60–61
Crowne Plaza Bar (New York) 92–93

Daly, Paul: Time (Intergalactic) Beach Bar (Whitley Bay) 12, 20, 98–101
Davies, Lynn 15
Depp, Johnny 149
Dietrich's Grand Hyatt (Berlin) 110–111
Diller + Scofidio: Seagram Brasserie (New York) 9, 18, 20, 68–71
Disco (São Paulo) 170–171
Discothèque, La (London) 12, 13
Disney: Encounter Bar (Los Angeles) 20, 26
Disseny (Pau) Associates: Zoom (Lloret de Mar, Spanien) 176–177
Dixon, Tom: Jacklights *182*, 183
Doud, Ron 13
Dublin:
  Clarence Hotel 12
  Gravity Bar 26
  Morrison Hotel 12

Eilat, Israel: Red Sea Star 50–53
El Gouna, Ägypten: Miramar Hotel Bar 19, 102–103
Embassy (Sydney) 18, 19, 160–163
Encounter Bar und Restaurant (Los Angeles) 20, 26
End, The (London) 15
Eurolounge: Sticklights 158, *158*

Fabric (London) 13, 15, 141
Fernandes, Fernando *siehe* Reis, Manuel
Finschi, Wayne: Mink Bar, Prince of Wales Hotel (Melbourne) 18, 19, 112–113
Float (New York) 18, 19, 172–175
Flüsterkneipen 9, 12, 16, 137
Franz, Werner *siehe* Plajer & Franz Studio
Freixas (Dani) & Varis Architects: Dietrich's Grand Hyatt (Berlin) 110–111

García García, Javier *siehe* Grupo Mat
Garratt, Sheryl: *Adventures in Wonderland: A Decade of Club Culture* 12, 13, 15, 18
Gebrane, Nagi 127, 128
Gerard, John: Glasdesign 123
Glasgow: The Corinthian 72–75
Goldman, Albert: *Disco* 12
Graves, Michael: Miramar Hotel Bar (El Gouna, Ägypten) 19, 102–103
Gravity Bar (Dublin) 26
Grimes, William: *On the Rocks: A Cultural History of American Drink* 8, 9, 10, 12
Grupo Mat: Caribou Hangar Bar (Madrid) 184–187

Haçienda (Manchester) 15, *15*, 141
Hakkasan (London) 19
Halliday, Iain *siehe* Burley Katon Halliday
Hamilton, David 73
Hanley: The Place 13
Harwood, Andy *siehe* Lief Design
Herholdt, Niels: NASA (Kopenhagen) 15, 20, 43, 182–183
Hippodrome Nightclub (London) 18
Hirst, Damien 34
Hoffman House (New York) 10
Hollywood:
  Ciro's 12
  Mocambo 12
Hong Kong:
  Antidote 18, 42–45
  Brown 18, 62–63

Oyster Bar, Peninsula Hotel 10
Hucknall, Mick 149
Hudson Hotel Bar (New York) 10, 16, 18, 114–117

Inflate: MEMO Sofas 78
Issenbel Architects: Crow Bar (Auckland) 19, 60–61

Jacobsen, Arne: Schwanenstühle 107, 108
Jam: Stühle 78, 79
Jazz Matazz (Barcelona) 18, 146–147
Joe's Pub (New York) 16
Jubert, Lluis siehe Jubert-Santacana Architects
Jubert-Santacana Architects: Jazz Matazz (Barcelona) 18, 146–147

Kelly, Ben: Haçienda Bar (Manchester) 15, 15, 141
Kemia Bar, Momo Restaurant (London) 19, 20
Khoury, Bernard: B 018 (Beirut) 15, 18, 126–133
Kiriaty, Josef 51
Kitakyushu, Japan: Bar Tempo, Mojiko Hotel 12, 86–89
Kitayama, Takao 83
Kobe, Japan: Tsuki-No-le 40–41
Kondo, Yasuo:
    BAR Ballad BAR (Tokio) 80–83
    Page (Tokio) 28–31
Kopenhagen: NASA 15, 20, 43, 182–183
Ktoutik, Boris: Zeppelin (Moskau) 166–169

Larsson, Åke, und Bergh, Arne: Absolut Icebar (Jukkasjärvi, Schweden) 94–97
Las Vegas: rumjungle 64–67
Law, John siehe CPM Asia
Lazzarini, Claudio, und Pickering, Carl: Bar Nil (Rom) 18, 152–153
Leshko's (New York) 38–39
Liagre, Christian 12
Lief Design: The Bomb (Nottingham) 15, 18, 20, 134–135
Lissabon: Lux 15, 18, 19, 141, 164–165
Lloret de Mar, Spanien: Zoom 176–177
Lodi, Italien: Bar Lodi 46–49
Loft, The (New York) 13, 141
London:
    Astoria Nightclub 18
    Atlantic Bar & Grill 9, 16, 20
    Babushka 19
    Berkeley Hotel 12
    Camden Palais 18
    Chinawhite 15, 18, 19, 142–145
    Claridge's Bar, Claridge's Hotel 12, 90–91
    La Discothèque 12, 13
    The End 15
    Fabric 13, 15, 141
    Hakkasan 19
    Hippodrome Nightclub 18
    Kemia Bar, Momo Restaurant 19, 20
    Mandarin Bar, Mandarin Oriental 118–121
    Met Bar 10, 12, 16
    Ministry of Sound 13, 14, 15, 20, 141
    Opium 19
    Purple Bar, Sanderson Hotel 18, 104–105
    Quaglino's 9, 18
    Raw 16
    The Saint 20
    10 Room Chain 16
Long, Richard 15
Lord, Jeremy 99, 100, 158
Los Angeles: Encounter Bar und Restaurant 20, 26
Lot 61 (New York) 16, 18, 141
Lotus Rooms (New York) 16
Luan, Nu Nu: Brown (Hong Kong) 18, 62–63
Lux (Lissabon) 15, 18, 19, 141, 164–165

McconnellRayner: Embassy (Sydney) 18, 19, 160–163
McNally, Keith 9
Madrid:
    Caribou Hangar Bar 184–187
    Teatriz 17, 18

Magis: Bombo Hocker 108
Mailand:
    Café l'Atlantique 18, 20, 178–181
    Shu 10, 18, 32–37
Man Ray (Paris) 18, 148–151
Manchester:
    Haçienda 15, 15, 141
    Mash & Air 20
Mandarin Bar, Mandarin Oriental (London) 118–121
Martin, Andy 20
Martins, Miguel Cancio:
    Buddha Bar (Paris) 18, 19
    Man Ray (Paris) 18, 148–151
Mash & Air (Manchester) 20
Mash Restaurants und Bars 9, 16
Matczuk, Suzanne: Cocktail-O-Matic 12
Matosinhos, Portugal: Next 15, 140–141
Melbourne: Mink Bar, Prince of Wales Hotel 18, 19, 112–113
Met Bar (London) 10, 12, 16
Mezzo (London) 9
Ministry of Sound (London) 13, 14, 15, 20, 141
Mink Bar, Prince of Wales Hotel (Melbourne) 18, 19, 112–113
Miramar Hotel Bar (El Gouna, Ägypten) 19, 102–103
Miranda, José siehe Reis, Manuel
Mocambo (Hollywood) 12
Mollino, Carlo: Hocker 47
Momo Restaurant Kemia Bar (London) 19, 20
Moomba (New York) 16, 19
Morita, Yasumichi 19
    BAR Ballad BAR (Tokio) 80–83
    Page (Tokio) 28–31
    Tsuki-No-le (Kobe, Japan) 40–41
Morrison Hotel (Dublin) 12
Moskau: Zeppelin 166–169
Music Box (Chicago) 141
Mutoid Waste Company 179

NASA (Kopenhagen) 15, 20, 43, 182–183
New York:
    Balthazar 9
    Church Lounge, TriBeCa Grand Hotel 18, 122–123
    Crowne Plaza Bar 92–93
    Float 18, 19, 172–175
    Hoffman House 10
    Hudson Hotel Bar 10, 16, 18, 114–117
    Joe's Pub 16
    Leshko's 38–39
    The Loft 13, 141
    Lot 61 16, 18, 141
    Lotus Rooms 16
    Moomba 16, 19
    Paradise Garage 13, 13, 141
    Park Avenue Club 12
    Pasteis 9
    Pravda 19
    Seagram Brasserie 9, 18, 20, 68–71
    Stork Club 10, 12, 61
    Studio 54 10, 11, 13, 18
    Tangerine 19
    Tao Bistro 19
    Tunnel Club 12, 15
    Twilos 13
Newson, Marc:
    Mash & Air (Manchester) 20
    Pod Bar (Tokio) 19, 20
Next (Matosinhos, Portugal) 15, 140–141
Nottingham: The Bomb 15, 18, 20, 134–135
Novembre, Fabio:
    Bar Lodi (Lodi, Italien) 46–49
    Café l'Atlantique (Mailand) 18, 20, 178–181
    Shu (Mailand) 10, 18, 32–37

Opium (London) 19
Orbit Bar (Sydney) 24–27

Page (Tokio) 28–31
Panton, Verner: Möbel 19, 138
Paradise Garage (New York) 13, 13, 141
Paris:
    Buddha Bar 18, 19
    Café Costes 10
    Man Ray 18, 148–151
Park Avenue Club (New York) 12
Pasteis (New York) 9
Peninsula Hotel (Hong Kong): Oyster Bar 10
Penn, Sean 149
Peyton, Oliver 9, 16, 20
    Atlantic Bar & Grill (London) 9, 16, 21
    Mash Restaurants und Bars 9, 16
Pickering, Carl siehe Lazzarini, Claudio
Place, The (Hanley) 13
Plajer, Alexander siehe Plajer & Franz Studio
Plajer & Franz Studio: Bar Lounge 808 (Berlin) 18, 54–59
Po Na Na 19
Pod Bar (Tokio) 19, 20
Pravda (New York) 19
Purple Bar, Sanderson Hotel (London) 18, 104–105

Quaglino's (London) 9, 18

Racine, Paul 13
Raw (London) 16
Red Sea Star (Eilat, Israel) 50–53
Reis, Manuel, Fernandes, Fernando, und Miranda, Jose: Lux (Lissabon) 15, 18, 19, 141, 164–165
Renfro, Charles 69–70
Reykjavík: Astro 18, 20, 154–159
Rocha, John 12
Rom: Bar Nil 18, 152–153
Rossi, Aldo 87
Rubber Room, Ohio, USA 8
Rubell, Steve 13, 105
Ruiz-Velazquez, Hector siehe Grupo Mat
rumjungle (Las Vegas) 64–67

Saarinen, Eero 19
    Tulpenstühle 26, 27
Saeki, Hitoshi siehe Airconditioned
Saint, The (London) 20
Salmon, James 73, 75
Sanderson Hotel (London): Long Bar 12, 18, 105
    siehe auch Purple Bar
Santacana, Eugenia siehe Jubert-Santacana Architects
São Paulo: Disco 170–171
Sartoria (London) 9
Satmoko Ball: Chinawhite (London) 15, 18, 19, 142–145
Satmoko, Cara siehe Satmoko Ball
Schefer (David) Design 19
    Leshko's (New York) 38–39
Schoenstein, Eve-Lynn siehe Schefer Design
Schrager, Ian 10, 13, 91, 105, 115, 116
Schrofer, Gilian siehe Concrete
Seagram Brasserie (New York) 9, 18, 20, 68–71
Seidler, Harry: Summit Restaurant (Sydney) 26
Serfaty, Ayala siehe Aqua Creations
Serra, Richard 140, 141
Shand, Sarah siehe Issenbel Architects
Shu (Mailand) 10, 18, 32–37
Siza, Alvarinho: Next (Matosinhos, Portugal) 15, 140–141
Soft (Tokio) 18, 20, 76–79
Sottsass, Ettore 19
SO.UK 19
Starck, Philippe 10, 18, 19, 77, 91, 135
    Hudson Hotel Bar (New York) 10, 16, 18, 114–117
    Purple Bar, Sanderson Hotel (London) 18, 104–105
    Teatriz (Madrid) 17, 18
Starwoods Hotelkette W 12
Stern, Leonard und Emanuel 123
Stork Club (New York) 10, 12, 61
Studio 54 (New York) 10, 11, 13, 18

Index

Sugimoto, Takashi: Tisch 83
Summit Restaurant (Sydney) *siehe* Orbit Bar
Supperclub, The (Amsterdam) 18, 136–139
Sydney:
    Embassy 18, 19, 160–163
    Orbit Bar 24–27

Tangerine (New York) 19
Tao Bistro (New York) 19
Teatriz (Madrid) *17*, 18
10 Room Chain (London) 16
Tihany, Adam
    Crowne Plaza Bar (New York) 92–93
    Mandarin Bar, Mandarin Oriental (London) 118–121
Time (Intergalactic) Beach Bar (Whitley Bay) 12, 20, 98–101
Tokio:
    BAR Ballad BAR 80–83
    Page 28–31
    Pod Bar *19*, 20
    Soft 18, 20, 76–79
Tsuki-No-le (Kobe, Japan) 40–41
Tunnel Club (New York) *12*, 15
Twilos (New York) 13

Uchida, Shigeru: Bar Tempo, Mojiko Hotel (Kitakyushu, Japan) 12, 86–89
United Designers:
    The Corinthian (Glasgow) 72–75
    Met Bar (London) 10, 12, *16*
    Ministry of Sound (London) 20
Urban, Joseph 12

Vicker, Martin *siehe* Lief Design

Wagemans, Rob *siehe* Concrete
Warhol, Andy 47, *48*, 144
Weinfeld, Isay: Disco (São Paulo) 170–171
Whiskey-à-Go-Go-Clubs 13
Whitley Bay: Time (Intergalactic) Beach Bar 12, 20, 98–101

Young, Michael: Astro (Reykjavik) 18, 20, 154–159

Zeppelin (Moskau) 166–169
Zoom (Lloret de Mar, Spanien) 176–177

Danksagung

Ich danke allen Architekten und Designern, Barbesitzern und Fotografen, die ihre wertvolle Zeit geopfert haben, um mich mit Inspiration, Informationen und Material für dieses Buch zu versorgen.

Mein besonderer Dank gilt Nick Barham, Roger Cave, Sudeep Gohil, Astrid Klein, Mark Leib und Sylvia Warren für ihren Rat, welche Designerbars ich aus ihrer jeweiligen Ecke der Welt in das Buch aufnehmen könnte. Ich danke auch Andy Bishop und der Zeitschrift *Mondo* ebenso wie Aidan Walker für den Nachweis, daß es konstruktiv sein kann, im richtigen Moment den richtigen Namen fallen zu lassen.

Bei Laurence King Publishing möchte ich besonders Jo Lightfoot, Commissioning Editor, danken, außerdem Jennifer Hudson, Helen McFarland und Susan Lawson für ihre Geduld und ihre Hartnäckigkeit beim Suchen und Sammeln all der Informationen (teilweise aus Quellen, die offensichtlich nicht auf diesem Planeten lagen), die mir die Arbeit, so weit es ging, erleichterten. Ganz herzlichen Dank auch an meinen Lektor Simon Cowell, dessen Rat, Intelligenz und Humor alles zusammenhielten und mich vor dem Durchdrehen bewahrten.

Dem Designer Matt Baxter sage ich danke dafür, daß plötzlich alles so einfach scheint, auch wenn es das nicht ist. Robert Lawson, James Burgess, Mark Quinn und Lorraine Richer gilt mein Dank für die Gefallen, die sie mir getan haben – ihr habt etwas gut.

All meinen Freunden, meiner Familie und den Kollegen, besonders dem Designteam bei CLASS ein riesiges Dankeschön für das Ertragen der scheinbar unendlichen Geschichte um „das Buch". Den Drink könnte ich jetzt gebrauchen.

Und schließlich danke ich besonders Joan Ryder und Angus Winchester für ihre Liebe und Unterstützung. Ich widme dieses Buch euch beiden.